민사사법제도론

민사사법제도론

초판인쇄 2017년 8월 10일
초판발행 2017년 8월 15일

지은이 김홍엽
펴낸이 김중용

총괄기획 박노일 · 최준규
편 집 심성보 · 김인숙

펴낸곳 마인드탭 MIND TAP
경기도 파주시 책향기로 441, 1004동 1004호(동패동, 책향기마을)
등록 제406-2014-000093호
전 화 070)7550-3758 팩 스 02)718-8554
홈페이지 www.mindtap.co.kr 이메일 pnc@pncmedia.co.kr
ISBN 979-11-86672-55-6 93360

※ 마인드탭은 피앤씨미디어의 자매 브랜드입니다.

정 가 16,000원

교수시론

민사사법제도론

-국민의 눈높이에서 본 민사사법-

김홍엽

마인드탭
MIND TAP

머리말

민사사법제도의 설계와 운영에 있어서 국민을 위한다는 명분이 없는 경우는 없다. 그러나 내세우는 명분에 부합되게 제대로 운영되는지는 별개의 문제이다. 보기에는 발전적인 제도이나 기실 효율적인 제도로 결코 평가할 수 없는 경우가 적지 않다.

우리의 사법제도, 특히 민사사법제도를 보면 제도의 필요성에 대한 확고한 인식도 없이, 그리고 제도에 대한 실증적 검토도 없이 제도가 설정된다. 일단 제도가 만들어지더라도 제도 자체에 대한 검증 역시 제대로 이루어지지 아니한다. 결국 제도의 마련에 있어서 여유를 갖고 신중하게 검토하는 절차가 생략되거나 축소되고, 제도가 마련되더라도 충분한 follow-up measure가 뒤따르지도 않는다. 제도 설계가 잘못되었다고 뒤늦게 인식하더라도 다른 명분을 내세워 제도의 변경을 꾀한다. 사법제도에 대한 전문적 지식이 없는 국민으로서는 제도 변경의 과정 및 의미를 제대로 알지 못하고 늘 뒷전에 처져 있기 마련이다.

우리의 사법운영의 주체는 국민을 위한다는 명분과 외양만 갖추면 서슴지 않고 국민을 위한 제도로 내세운다. 국민의 마음을 헤아리는 노력이 부족한 것은 국민의 마음을 헤아리려는 진정한 의식 자체가 부족하기 때문이다. 따라서 국민을 위한 사법 운운하더라도 국민에 대한

겸손의 마음은 읽기 어렵다. 국민과의 소통을 강조하여도 사법불신은 여전하며 오히려 사법불신이 팽배하다는 말이 적확할 정도이다.

재판 자체에 대한 소통에 있어서도 열린 마음으로 접근하지 않는 한 이러한 소통은 별다른 의미를 지니지 못한다. 그런데도 법원은 여전히 우리나라 사법제도의 우수성을 알리는 데 열을 올린다. 사법운영의 주체는 법원 등이나 궁극적인 사법의 주체는 국민이다. 사법에 있어서 국민의 모습이 보이지 않는다면 진정한 사법이라고 할 수 없다.

필자는 오랜 기간 재조, 재야 및 학계에 몸을 담고 살아왔다. 법조인과 민사절차법 교수로서의 삶은 사법제도를 실제 경험하고 연구하는 일이다. 그러니 사법제도를 늘 아끼는 마음으로 접한다. 그러나 아끼는 마음이 안타까운 마음으로 이어지는 것은 어쩔 수 없는 일이다. 안타까움의 언저리에서 교수가 할 수 있는 일이란 글을 쓰는 일이다. 저자는 민사사법제도를 국민의 입장에서 다시금 살펴보고 국민의 마음을 사기에 부족하고 아쉬운 부분들을 지적하고자 하였다. 더 강하게 비판하고 싶은 부분들을 삼켜야 하는 경우도 많았다.

필자는 먼저 사법현실을 진단하고 이러한 사법현실에서 사법정의의 모습을 발견하고자 하였다. 그리고 이러한 사법정의에 부합하는 민사사법개혁의 방향을 추구하고, 이러한 방향에서 다양한 민사사법제도를 검증하고 개선의 방법을 모색하였다. 한편 사법운영의 주체인 대법원 구성의 다양성의 필요성과 대법원 재판을 통한 사법적극주의의 진정한 의미를 탐구하고자 하였다. 사법운영에 있어서 한 축(軸)인 변호사단체와 변호사제도에 대한 주요 이슈들에 대한 문제점과 개선방향을 언급하였다. 끝으로 로스쿨제도의 성공적 정착을 위한 제언도 덧붙였다.

국민에게 다가갈 수 있는 주제들이나 이론적 언급도 상당히 섞여 있어 다소 어렵게 읽힐 수 있는 민사사법제도론의 출간에 선뜻 응해주신 마인드탭 김중용 사장님, 편집에 온 정성을 아끼지 않으신 심성보 이사님께 감사의 말씀을 드린다.

연구실과 집을 오가는 무미건조한 교수로서의 삶을 보람의 끈을 늦추지 않고 살아가게 해 준 가족의 격려와 성원에 가슴 뭉클하다. 마음의 안정 없이는 맑은 정신을 유지할 수 없고 맑은 정신이 없이는 비판적 성찰이 불가능하다. 그런 성찰을 이어갈 수 있게 초심(初心)으로 돌아가 더욱 균형 잡힌 사고로 민사사법제도를 들여다보고 살피는 작업을 게을리하지 않아야겠다. 무엇보다 민사사법제도를 국민의 눈높이에서 볼 수 있는 안목(眼目)을 가질 수 있도록 늘 사법제도를 아끼고 사랑하는 마음을 가져야겠다.

2017. 8.
성균관대 법학관 연구실에서
저자 씀

차 례

머리말 · v

I 사법현실과 사법정의

사법 신뢰도에 대한 단상(1) · 3
사법 신뢰도에 대한 단상(2) · 5
전관예우에 대한 문제의식(1) · 8
전관예우에 대한 문제의식(2) · 10
전관예우 문제에 대한 대책(1) · 12
전관예우 문제에 대한 대책(2) · 13
전관예우 문제에 대한 대책(3) · 15
법관의 업무가중과 재판에의 영향 · 17
하급심 법원의 업무가중과 경감 대책의 강구 · 19
재판의 방식과 토론문화 · 21
법원의 친절 · 23
법정예의 · 25
사법정의에 관한 단상 · 27
법조계와 사법정의 · 29
대통령과 법치주의에 대한 단상 · 31

II 민사사법개혁의 방향

국민을 위한 사법 · 35
국민을 위한 사법제도 · 36
법원이 당면한 과제 · 38
사법제도개혁의 접근방식 · 40
사법행정의 전문화 · 42
문민정부와 사법개혁의 역사 · 44
민사사법제도 개선 논의의 전제 · 48
민사사법제도 개선 논의의 신중성 · 51
민사사법개혁을 위한 새로운 제도 설정의 한계 · 53
민사사법제도 개선을 위한 입법과정 유감 · 55
민사사법제도 개선을 위한 법률의 제·개정과 입법의 세심함 · 57
민사사법자원의 효율적 배분 · 59
사법제도 개선을 위한 비교법적 검토의 전제 · 62
사법제도 개선을 위한 비교법적 연구 수준의 제고 · 64

III 민사사법제도와 제도 개선의 방향

법률구조제도 • 71
배상명령제도 • 74
소액심판제도(1) –소액사건은 과연 작은 사건인가?– • 76
소액심판제도(2) –소액사건의 범위 확대 유감– • 79
소액심판제도(3) –작은 것이 아름다운 소액사건– • 81
민사사물관할제도 –빈번한 민사사물관할의 변동– • 84
인지액납부제도 • 86
법정녹음제도 • 89
판결서공개제도 • 91
소비자단체소송제도 • 94
원로법관제도 • 97
법관정년제도 • 99
재판소원제도 • 101
법률용어의 한글화 작업 • 104

IV 대법원 재판과 제도 개선

대법원 구성의 다양성 • 109
대법관의 성향 분석 • 111
상고법원 설치 논란 • 114
최고법원 논란 • 117
대법원 재판과 가치 선택 • 119
대법원 재판과 사법적극주의 • 122
대법원 재판과 사건의 배당방식 • 124
대법원 재판과 사실인정 • 126
대법원 재판과 판결이유 설시 방법 • 128
법정조언자제도 • 131
대법원의 업무가중 –대법원은 과연 대병원인가?– • 133

V 변호사제도와 제도 개선

변호사제도의 공공성 · 139
변호사회의 역사 · 141
사내변호사 · 144
여성변호사에 대한 직장 내 성차별 조속히 해소되어야 · 145
변호사 배출 수의 적정성 논의와 로스쿨 교육 · 147
국선전담변호사제도 · 149
전문분야등록변호사제도 · 151
변호사중개제도 · 153
변호사에 의한 법관평가제 · 157
변호사정보공개제도 · 159
변호사 징계기준의 확립 · 161
변호사 공익법률활동의 적극적 지원 · 163
재야법조계의 단합을 촉구하며 · 166

VI 로스쿨제도와 제도 개선

로스쿨제도의 교육목표 · 171
사법시험 존치 논란(1) · 174
사법시험 존치 논란(2) · 176
로스쿨제도와 실무교육 · 178
변호사시험성적 공개의 정당성 · 180

I

사법현실과 사법정의

사법 신뢰도에 대한 단상 (1)

며칠 전(2015년 8월 7일) 한국 사법부 신뢰도에 관한 OECD 조사결과가 발표되자 특히 재야에서는 한국 사법부에 대한 국민의 불신이 얼마나 팽배(澎湃)하고 있는지를 대변하는 자료로 연일 이를 인용하고 있다.

이번 OECD 발표에 따르면 한국 사법부의 신뢰도가 조사한 42개국 가운데 39위로서 우리 밑에 있는 나라들은 법의 무풍(無風) 국가라고 할 수 있는 콜롬비아, 칠레, 우크라이나뿐임을 강조하고 있다. 이번 자료는 OECD가 갤럽(Gallop)을 통하여 한국인 1,000명을 상대로 한 설문을 통하여 조사한 결과이다.

한국인의 사법제도에 대한 불신의 정도를 가늠할 수 있는 자료로서, 사법부는 보다 겸허한 자세로 국민의 신뢰를 받을 수 있는 국민을 위한 사법부로 거듭 나도록 자성하여야 함은 두말할 나위가 없다.

그런데 이를 들어 한국 사법부가 법의 무풍국가인 콜롬비아 수준이라고 비하(卑下)하는 것은 너무 자조적(自嘲的)이지 아니한가 생각한다. 이들은 결과(그 순위)에 천착하여 조사기관이 어디인지, 어떤 사항(설문내용 등)에 관하여, 어떠한 방법으로 조사하였는지 차분히 검토하지도 아니한다.

42개국 중 39위라는 사실만 확대하여 사법부를 공격하는 빌미로 삼고 있다. 설문내용상 'judicial system and courts'라고 할 때 그 의미가 무엇인지도 알려고 하지 아니한다. 이러한 사법제도에 변호사 제도가 포함되어 있는지도 눈여겨보지도 아니한다.

일반인은 그렇다 치더라도 법조계에 있는 분 내지 법전문가가 이러한 자료를 분석적으로 들여다보지 않고 일방적으로 비판하는 것은 문제이다. 이런 분들에게 2015년 6월 세계사법프로젝트(World Justice Project, WJP)가 2015년 법의 지배 지수(Rule of Law Index 2015)에서 한국 사법부의 법치주의 지수가 OECD 가입국 35개국 가운데 종합 11위(8개 지표)로서 일본(13위), 미국(19위)보다 높다는 발표 결과를 알고 있는지, 알고 있다고 하더라도 함구하고 있는지 묻고 싶다.

한국 사법부가 국민의 불신을 받고 있음에 대하여 사법부를 두둔할 생각은 추호(秋毫)도 없다. 사법부를 떠난 지 오래된 학자의 입장에서, 해외에서 발표한 자료를 냉철하게 검토하여 그 문제점에 대한 깊은 지성인적 성찰을 하기를 바라는 마음일 따름이다.

사법 신뢰도에 대한 단상 (2)

언론기관의 보도 가운데 외신자료 번역의 정확성에 의문이 드는 경우가 흔하게 있다. 보도하는 입장에 따라 그 표현이 지니는 의미를 자신에게 의도적으로 유리하게 번역하거나 전문용어에 대한 이해부족으로 잘못 번역하기도 한다.

대법원의 보도자료를 읽을 때에도 분석적으로 보지 않으면 그 내용이 정확히 전달되지 않거나 오도(misleading)될 수도 있는 경우가 있다. 특히 외신자료를 인용한 보도자료에 있어서 더욱 그러하다.

대법원의 2015년 10월 29일자 보도자료의 제목은 "신속한 소송절차, 저렴한 소송비용에 더하여 질적 우수성까지 인정받은 '대한민국 사법제도' … 세계 2위 평가"이다. 그리고 이러한 제목에 이어 요약으로 언급한 내용은 2015년 10월 28일 세계은행(World Bank)이 발표한 '기업환경평가 보고서 2016'에서 우리나라가 "민사사법제도 부문 세계 2위 평가"되었다는 것이다. 세계은행에서 발표한 위 보고서인 "Doing Business 2016"을 직접 읽지 아니한 일반인으로서는, 대법원의 보도자료대로 우리나라의 민사사법제도가 세계 2위로 평가되었다는 것으로 알게 된다.

그러나 대법원의 보도자료상 제목이나 그 내용에 있어서 침소봉대(針小棒大)하거나, 부정확한 부분들이 적잖게 있어 안타까운 마음이 들지 않을 수 없다. 최근 대법원의 보도자료 등 홍보자료를 보면 판결의 의미를 판결 외적으로 일방적으로 평가하거나, 사법정책의 추진이나 사법제도 상황의 보도가 편향적(偏向的)인 경우가 있음을 부쩍 느끼고 있다.

이번 세계은행의 보고서(World Bank, Doing Business 2016)는 2016년(2014년 하반기부터 2015년 상반기까지) 기업환경평가 자료(주요 로펌들에 대한 조사를 근거로 한 자료)로서, 기업을 하기 좋은 항목을 추출하여 각 항목별 점수를 부여한 방식에 의하여 산정한 순위(ease of doing business rank)에 불과하다.

대법원 보도자료상 우리나라가 세계 2위라고 평가된 것은, 평가 부문들 가운데 기업간 계약집행 부문(Enforcing Contracts)에 있어서 분쟁해결의 소요기간 및 비용, 사법처리절차의 질(質) 등을 종합하여 2위를 하였다는 것에 불과하다.

따라서 이러한 2위가 민사사법제도 부문에서 2위라는 것은 전혀 사실과 다르다. 계약집행 부문의 평가에 있어서 사법절차의 질(質)지수(quality of judicial processes index)의 평가 항목은 해당 사법제도가 어떻게 운영되고 있는지, 그 제도의 실질적인 질적 수준 등에 대해서는 전혀 조사한 바 없으며, 오로지 일정한 제도를 마련하고 이용가능한지 여부(availability)만 가지고 평가를 하고 있다.

평가항목상 들어있는 제도들 역시 기본적인 제도들에 불과하다. 예컨대 법원의 구조 및 절차(court structure and proceedings)에 있어서는, ① 상사법원이나 상사전문재판부가 있는지 여부, ② 소액심판제도가 있는지 여부, ③ 가압류제도가 있는지 여부, ④ 사건배당기준제도가 있는지 여부 등을 그 항목으로 하고 있으며, 사건관리(case management)에 있어서는, ① 법원의 주요절차에 관하여 처리기한이 정해져 있는지 여부, ② 심리의 연기 및 속행의 규정이 있는지 여부, ③ 처리결과에 대한 성과관리(performance management)를 하는지 여부, ④ 변론

전 회의절차(pretrial conference)가 있는지 여부 등 기초적 제도의 이용가능성을 그 항목으로 들고 있다.

나아가 법원자동화(court automation)에 있어서도, ① 소장제출이 전자적으로 가능한지 여부, ② 소송서류의 송달이 전자적으로 가능한지 여부(대법원 보도자료는, 'ability to serve process electronically'를 '전자적 절차진행의 가능 여부'로 오역하고 있다), ③ 법정비용을 전자적으로 납부할 수 있는지 여부, ④ 판결을 전자적으로 공간(公刊)하고 있는지 여부 등 이 역시 기초적 제도의 이용가능성을 항목으로 들고 있다.

물론 이러한 제도들을 가지고 기업간 계약집행 부문에서 2위를 하였다는 데에 대해서는 고무적(鼓舞的)이다. 그러나 실제 그 내용에 있어서 대법원이 과연 자랑할 만한 뚜렷한 내용이 있는지는 의문이다.

대법원이 국민에게 적극적으로 홍보하는 것은 이를 시비할 이유도 없거니와 오히려 바람직하다. 그러나 사실을 정확히 보도하여야 하는 것은 언론기관 못지않게 더욱 요구된다.

민사사법제도에 있어서 한 부문에 불과한 기업간 계약분쟁에 관한 제도에 대하여, 그것도 몇 개에 걸친 제도들의 이용가능성 등을 들어 평가한 자료를 들어, "대한민국 사법제도" 전체를 들먹이거나, "민사사법제도" 전체를 들먹이면서 세계 2위라고 보도하는 것은 일반인의 이해를 오도(誤導)케 한다.

이러한 언급들은 결코 대법원답지 아니한 '과장보도' 내지 '잘못된 보도'가 아닌가 생각된다. 대법원은 대법원다워야 한다. 발표자료 하나에도 국민이 잘못 이해하지 않도록 세심한 배려를 하여야 한다.

전관예우에 대한 문제의식 (1)

전관예우(前官禮遇)란 판사나 검사 출신의 변호사가 재직시 근무했던 법원이나 검찰의 사건을 수임한 경우 현직 판사나 검사가 일정한 예우를 해주는 것을 말한다. 사건에 있어서 예우란 유리하게 대우한다는 말로써, 상대적으로 그렇지 아니한 변호사가 선임하는 경우와 대비하여 유리하게 고려한다는 말이다.

이런 전관예우에 대해서 법원이나 검찰은 그 존재를 부인하고 있다. 그러나 국민의 대다수는 그 존재를 인정하고 있다(서울지방변호사회가 2014년 7월 실시한 전관예우 설문조사에 의하면 설문에 응한 1,101명의 변호사 가운데 89.5%가 전관예우가 존재한다고 답한 것으로 나타났다). 사법불신의 가장 큰 원인은 전관예우의 존재에 대한 믿음 때문이다.

구체적 사건에서 과연 전관 변호사가 어떠한 예우를 받았는지 확정하기는 어렵다. 그러나 국민으로서는 직접 경험한 사실을 통하여, 그리고 국민적 관심이 모아진 특정 사건을 통하여 전관예우의 존재를 추지(推知)할 수 있는 경우를 제시하기도 한다.

전관예우의 문제를 어떻게 접근하여 대처하여야 하는가? 법원이나 검찰은 전관예우의 존재를 부인하면서 아무런 근거를 제시하고 있지 않다. 물론 전관예우의 존재에 대한 증명책임이 누구에게 있는지가 문제될 수 있다. 그러나 국민과 국가기관 사이의 관계에 있어서 국민의 의혹을 사는 문제에 대한 적극적인 이해당사자는 바로 국가기관 자체이며, 이를 증명할 책임 역시 형평상 국가기관에 있다고 보아야 한다.

따라서 법원이나 검찰은 구체적 증거를 대어 전관예우의 부존재(不存在)에 대하여 국민이 확신할 수 있는, 충분히 납득할 수 있는 증명을 하여야 한다. 그런데 법원이나 검찰은 전관예우의 존재 여부에 대하여 실증적(實證的) 조사를 하는 것 자체를 시도조차 하지 않는다. 이런 시도를 한다고 하더라도 막연하게 설문조사를 하는 형식으로 조사하는 데 그쳐 기실 조사를 하지 않는 것과 마찬가지이다.

법원이나 검찰로서는 전관예우의 문제에 대하여 지속적으로 관심을 가지고 법원이나 검찰의 시스템상 전관예우가 발붙일 수 없음을 납득시키는 작업을 게을리하지 않아야 한다.

전관예우에 대한 문제의식 (2)

전관예우의 문제는 정형화하지 아니한 무정형(無定型)의 것으로, 쉽사리 잡혀지지 않으나 꿈틀거린다고 느껴지는, 매우 실체 파악이 어려운 대상에 대한 문제이다. 전관예우에 관해서는 재조·재야의 반응과 국민 일반의 정서가 다 제각기이다.

재조에서는 전관예우의 실체가 있고 실제로 작용하고 있다는 사실에 대하여, 이를 부정하면서 분노하기도 하고, 불쾌하기도 한다. 이를 인정하는 것은 자신의 정체성(identity)과 자존(self-esteem)을 건드리는 것이기 때문이다.

그러나 국민의 정서, 국민의 법감정상 전관예우가 존재한다고 믿고 있는 이상 법조계가 이러한 믿음에 대하여 진지하게 머리를 맞대고 공동대처하지 아니하는 한 사법불신의 골은 더욱 깊어질 것임은 불 본 듯하다. 최종 근무지 사건의 1년간 수임의 제한에 관한 변호사법 제31조 제3항으로 전관예우의 문제에 대처하는 것은 역부족(力不足)이다.

우리나라의 전관예우는 외국에서도 관심을 가지는 문제로서 법조계 전체가 이 문제를 보다 공론화(公論化)하고, 실효성 있는 해결방안을 강구하여야 한다. 개인적으로도 최근 몇 달 사이에 해외에서 두어 차례 한국사법제도에 관하여 특별강연을 할 때에 어김없이 한국의 전관예우 현상에 대한 질문을 받았다. 한 학생은 한국 영화 '도가니'를 언급까지 하면서 전관예우의 문제를 집요하게 물었다.

최근 형사사건 성공보수약정이 무효라는 대법원 전원합의체 판결(대법원 2015. 7. 23. 선고 2015다200111 전원합의체 판결)의 보충의견에서 언급한 표현법을 그대로 차용(借用)하여 해당 부분을 전관예우로 대치(代置)하여 표현하면 다음과 같다.

"안타깝게도 사실 여부를 떠나 적지 않은 국민들이" 전관예우 "현상이 여전히 존재한다고 믿고 있는 사회적 풍토 아래에서" 전관예우는 "그동안 형사사법의 공정성, 염결성(廉潔性)에 대한 오해와 불신을 증폭시키는 부정적 역할을 해왔음을 부인할 수 없으므로" 전관예우에 대하여 "많은 국민이 잘못 되었다고 지적한다면 이제라도 바로잡는 것이 옳다."

전관예우 문제에 대한 대책 (1)

대법원은 최근(2016년 9월 6일) 민사소송규칙과 형사소송규칙을 개정하여 변호사가 법정 외에서 사건관계에 관하여 판사와 접촉하는 것을 차단하는 구체적인 조치를 취하였다. 이는 앞서 본 전관예우의 통로를 물리적으로 봉쇄하는 조치의 일환으로 이해된다. 그런데 이러한 조치는 잠정적(暫定的)이고 미봉적(彌縫的)인 것에 불과하다.

전관예우가 존재하는지, 존재하는 경우 어떠한 형태로 어느 정도로 존재하는지에 관한 실증적 연구결과는 없다. 그러나 전관예우는 변호사와 판사의 물리적 접촉으로 비롯되는 것만이 아님을 쉽사리 알 수 있다. 전관예우가 존재한다면 전관(前官)이라는 이유만으로 예우(禮遇)가 존재하는 셈이 된다. 전관예우는 판사와의 물리적 접촉 여하를 떠나 궁극적으로 판사와 전관 변호사의 재판에 임하는 자세 여하에 달려 있다.

전관으로 쌓은 실력으로 차별화된 능력을 발휘한 덕분에 좋은 결과를 얻는 것은 너무나 정당한 것으로 달리 문제가 될 여지가 없다. 그러나 단순히 전관이라는 이유만으로 재판에서 유리하게 고려된다면 이는 부정의(不正義)한 것이다.

우리 사회가 투명한 사회로 나아가기 위해서, 그리고 우리 법원이나 검찰이 공정한 기관으로 국민의 신뢰를 받을 수 있기 위해선 결국 판사나 검사에게 엄중한 청렴(淸廉)과 공평무사(公平無私)를 요구하여야 하며, 또한 이를 관철하여야 한다.

전관예우 문제에 대한 대책 (2)

얼마 전(2016년 6월 16일) 대법원에서 '재판의 공정성 훼손 우려에 대한 대책'이라는 보도자료를 내놓았다. 표제를 어떻게 붙였든 전관예우 문제에 대한 대책으로 내놓은 것이다. 그런데 방안이라고 제시하고 있는 어느 하나도 얼마나 실효성이 있는 적절한 조치인지 선뜻 잡혀지는 것이 없다. 사건 배당을 통한 조치, 재판부와의 전화통화 차단 등을 통한 조치가 거의 전부를 차지한다.

이러한 방안은 문제의 본질에 제대로 나아가지 않은, 대증요법적(對症療法的) 조치에 불과하다. 대법원이 보도자료에서 언급하고 있는 '문제 의식'(보도자료 본문 첫 대목의 제목이다)은 너무나 단순하다. 문제의 상황을 매우 무겁게 받아들인다고 하면서도, 그 원인의 분석 내지 진단은 전혀 없다. 무엇보다도 대법원이 이해하는 문제의 상황은 국민들이 진정으로 우려하는 전관예우의 핵심이라고도 볼 수 없다.

대법원이 거론하는 문제의 상황은 법관 출신 변호사가 연고관계(緣故關係)를 내세워 거액을 받고 수임한 혐의로 구속기소된 상황이다. 그리고 이러한 변호사의 부적절한 처신과 관련하여 사법부가 '틈을 보인' 측면이 없는지 되돌아보는 계기 정도로 문제 상황의 비중을 가늠하고 있다. 대법원의 문제 상황의 인식이 이렇게 일방적이고 제한적이므로, 그 대책의 제시 역시 새로운 것이 없이 구태의연(舊態依然)하다.

무엇보다도 전관예우의 실체가 어떠한지, 그 원인이 어떠한지에 대한 아무런 언급이 없다. 보도자료에는 '전관예우'라는 말은 한 마디도 없다. 대법원이 전관예우의 문제를 접근하는 자세는 최고법원의 모습으로 보기 어렵다. 사법신뢰의 뇌관(雷管)인 전관예우의 문제에 대해서 본격적인 언급이 있어야 했다.

전관예우에 대한 국민의 이해 내지 정서가 근거 있는 것인지 없는 것인지, 없다면 왜 그런 문제가 끊이지 않고 사법불신을 증폭(增幅)하고 있는지 분명한 목소리를 냈어야 한다. 그리고 전관예우의 실체가 엄연히 존재한다면 사건 배당이나 전화통화 차단 등 지엽적(枝葉的)인 방안을 명색이 처방이라고 제시하는 일은 결코 없어야 한다.

그처럼 중요한 전관예우의 문제에 대한 대책이라고 내놓으면서 기껏 법관의 의견 수렴 방법만을 동원한 것은 너무나 안이한 태도이다. 최소한 각계각층의 거침없는 비판을 가감 없이 (싫은 소리라도) 경청하여야 한다.

비록 〈대부분의 법관〉이 공정하게 열심히 일을 하고 있다고 하더라도, 국민은 그 대부분이 아닌 〈일부의 법관〉이 세칭 전관예우가 작용하는 재판을 하고 있지 않나 우려를 한다. 이러한 우려는 막연하지만 불신의 강도는 비교가 되지 않게 강하다.

이번 보도자료를 보면 전관예우에 대한 대법원의 문제의식의 수준을 보게 된다. 늘 말하지만 보도자료의 내용이나 표현 어느 하나도 기대에 못 미친다. 전관예우 문제를 해결하기 위하여 대법원 차원에서 내놓은 방안 정도라면 뼈를 깎는 성찰(省察)의 모습부터 보이는 것이 순리(順理)가 아닐까 한다. 대법원으로서는 전관예우 문제가 국민의 의식 속에 너무나 뿌리깊게 자리 잡고 있다는 현상부터 제대로, 그리고 솔직히 진단하였으면 한다.

전관예우 문제에 대한 대책(3)

서울지방변호사회는 최근 서울중앙지방법원이 2015년 7월 1일부터 형사합의부 사건에서 재판장과 학교 동창, 사법연수원 동기 등 연고관계가 있는 경우 재배당요구를 하겠다는 방침을 언급하면서 이를 적극적으로 지지하는 성명을 발표한 바 있다.

위 성명에서 대법원도 서울중앙지방법원과 같은 규정을 만들 것을 촉구하기도 하였다. 전관예우의 방지에 상당히 실효성 있는 조치로 이해한 까닭이다. 그런데 성명 내용을 살펴보면 몇 가지 아쉬운 점이 눈에 띈다.

서울중앙지방법원이 어떠한 형식으로 그러한 입장을 표명하였는지 모르지만(물론 이에 따라 특정 형사사건을 재배당한 바 있다), 서울지방변호사회가 마치 서울중앙지방법원이 이러한 규정을 별도로 만들어 시행하고 있는 듯이 이해하는 것은 정확하지 아니하다.

대법원 예규인 "법관 등의 사무분담 및 사건배당에 관한 예규"(재판예규 제1538호)에 "재판장이 자신 또는 재판부 소속 법관과 개인적 연고관계가 있는 변호사의 선임으로 재판의 공정성에 대한 오해의 우려가 있다고 판단하여 재배당 요구를 한 때"에는 사건 배당이 확정된 이후에도 이를 변경할 수 있도록 규정하고 있다(제14조 제10호).

위 규정은 위 재판예규가 최근 개정(2015. 6. 23. 개정, 2015. 7. 1. 시행)되기 훨씬 이전인 2006년 9월 22일 개정될 당시 신설되었다. 위 규정은 대법원을 제외한 각급 법원 및 지원의 사건에 적용된다(제1조).

위 예규에 의하면 대법원의 사무분담 및 사건배당에 관해서는 별도로 정하는 바에 따른다고 규정하고 있는데(제2조 제2항), 대법원의 경우 "대법원사건의 배당에 관한 내규"(내규 제447호)가 적용된다. 위 대법원내규에는 앞서 예규와 같은 규정을 두고 있지 아니하며, 단지 기피신청시 사건배당에 관한 규정을 두고 있을 따름이다(제13조).

정리해서 말하면, 서울중앙지방법원이 형사합의부 재판장과 연고 있는 변호인이 선임된 경우 재배당요구를 한다는 방침은 대법원 예규에 의한 것으로 위 예규에 따른 적용을 확실히 하겠다는 의지의 표명으로 이해할 수 있겠다.

재판장의 재배당요구는 소송법상 회피(回避)에 해당하는 것으로, 재판부 스스로 회피를 하는 것을 말한다. 민사소송의 경우 회피신청은 직권발동을 촉구하는 의미에 불과하나(민사소송법 제49조), 형사소송의 경우에는 스스로 회피하지 아니하는 한 회피신청에 대한 재판이 요구된다(형사소송법 제24조).

한편 당사자는 회피신청이 아닌, 기피신청을 통하여 다른 재판부에 사건이 배당되도록 할 수 있다. 기피신청권의 남용이 아닌 한 재판장과의 연고관계를 이유로 기피신청을 한다면, 재판장의 재배당 요구보다 더욱 효율적인 전관예우 방지책이 될 수 있다.

지금까지 실무상 기피신청을 하더라도 기피신청이 인용되는 경우는 거의 없다(회피의 경우도 마찬가지이다). 전관예우의 문제에 정면으로 대처하여야 하는 작금의 상황에서 법원이 당사자의 회피신청 내지 기피신청에 어떠한 태도를 보이느냐는 매우 중요한 관심사이다. 전관예우에 대응하기 위한 회피 및 기피제도의 적극적 활용이 요망된다.

법관의 업무가중과 재판에의 영향

판사가 열심히 일해야 하는 것은 당연하다. 판사들이 사건의 홍수 속에서 몸을 제대로 가누기 힘들 정도임도 안다. 법원의 윗분들은 우리나라 판사가 가장 유능하다는 말을 계속 흘린다. 그리고 우리나라 법원이 사건처리 속도가 가장 빠르다는 말도 늘 덧붙인다. 이러한 법원의 분위기는 판사들로 하여금 열심히 일해야 한다는 강박관념을 더욱 부추긴다.

우리나라 판사가 가장 유능한지, 우리나라 법원이 사건처리 속도가 가장 빠른지 선뜻 동의하기 어렵지만, 그렇다고 치자. 그러나 법관은 여유 있게 재판할 수 있어야 하며, 그러한 여건이 조성되어야 한다. 사건처리에 '강박관념'을 가지면서 사건 처리를 열심히 하는 모습은 일반 기업에서는 가능할지 모르지만, 재판기관인 법원으로서는 바람직한 것이 아니다.

최근 퇴임한 어느 대법관이 대법원의 격무를 들어 대법관이 일로 병이 날 정도이어서 '대병원'(大病院)이라는 말을 적나라(赤裸裸)하게 토로하는 상황이다. 대법원이 그럴 지경인데 하급심 법원은 어떠하겠는가?

그런 상황에서 사실심의 충실화 운운하면서도 하급심 재판을 여유 있게 하는 방안으로, 판사의 업무의 일부를 사법보좌관이나 법원사무관 등에게 넘기는 등 대증요법적(對症療法的) 처방 외에는 제대로 된 근본적 처방은 내놓고 있지 않다.

'정신없이' 일한다는 말을 판사에 대입하면 '정신없이' 재판한다는 말이 된다. 정신을 차리고 여유 있게 재판해도 제대로 된 재판이 쉽지 않은데, 정신없이 재판을 한다는 것은 국민의 기대와 신뢰를 저버릴 수 있다.

일에 매달려야 하는 판사, 일로 쓰러지는 판사가 없는, 여유 있게 일하는 법원이 되었으면 한다. 필요하다면 판사의 증원(增員)을 적극적으로 검토하여야 한다. 사법제도 운영은 늘 근본에서부터 생각하여야 한다.

하급심 법원의 업무가중과 경감 대책의 강구

얼마 전 서울 모 지방법원에서 근무하던 여판사의 순직 소식을 접하고, 한때 법원에 근무한 사람으로 참담한 심정을 금할 수 없다. 궁극적인 의문은 판사가 왜 격무에 시달려야 하는가이다. 법조계 전체가 일에 치여 저녁이 있는 삶은 사전적(辭典的) 용어로 화석화(化石化)된 지 오래다.

법조인들의 이런 삶의 모습은 국민이 바라는 진정한 모습이 아니다. 이런 문제의 원인을 정확히 진단하고 실효성 있는 대책을 강구할 정도의 식견이 없으니 더욱 막막한 심정이다. 다만 편견일지 모르나, 제도 자체의 문제보다는 제도를 운영하는 윗사람들의 인식 내지 태도(mindset)도 상당 부분 기여하고 있지 않나 생각이 든다.

요즘 들어 대법원이 사법제도의 운영에 있어 부쩍 조급증(躁急症)을 내고 있다는 느낌을 받는다. 사법제도의 운영에 있어서 바람직하다고 판단되면 도입 쪽으로 가닥을 잡는다. 사법부가 제도운영에 있어서 국민을 위한 제도라면 그 도입을 꺼려할 명분이나 이유가 없음은 두말할 나위가 없다.

그러나 기존의 제도로도 운용(運用)의 묘(妙)를 살려 웬만큼 잘 해갈 수 있을 것 같은데도, 요즘은 예전과 달리 느긋이 기다리지 않는다. 문제는 도입하려는 제도들이 과연 궁극적으로 국민을 위한 제도인지, 우리의 법문화에서 제대로 작용할 수 있는 제도인지 시원스럽게 납득되지 않는다는 점이다.

최근 논의되는 상고법원 제도의 도입에 관해서 찬반 양론이 팽팽히 대립하고 있으나, 그 속을 들여다보면 대법원의 업무 경감의 방책(方策)으로 제시된 것은 달리 이의가 있을 수 없다. 대법원이 제대로 기능하여야 법원 전체가 제대로 운영될 수 있으므로, 대법원의 업무 경감이 초미(焦眉)의 관심사인 것은 당연하다.

그런데 대법원의 업무 경감은 바로 하급심의 업무 가중으로 연결되므로, 한정적인 사법자원과 사법에너지의 효율적인 배분이나 관리상 분명 부작용이 있을 수밖에 없다. 대법원은 상고법원 설치를 적극적으로 홍보하면서 사실심 충실화 방안을 이에 연계시키고 있다. 사실심 충실화는 사실심 법원의 업무가중으로 연결된다. 결국 사법부 내에서 대법원의 업무 경감과 하급심 법원의 업무 가중은 동전의 양면과 같다.

상고법원이 도입되든 되지 않든, 사실심 충실화의 노력과 비례하여 하급심 판사의 근무 여건의 개선에 각별히 신경을 써주었으면 한다. 제도의 도입에 열을 올리고 국민을 설득하는 와중에도 묵묵히 일을 하는, 사법부의 근간을 지탱하고 있는 판사의 모습을 늘 떠올렸으면 한다.

판사가 일에 부대껴서야 제대로 된 판결이 나올 수 없지 않는가. 이런 글로써도 두 자녀를 둔 어느 여판사의 죽음 앞에 조금이라도 진혼이 될 수 없어 마냥 안타깝다. 애도(哀悼)를 표할 따름이다.

재판의 방식과 토론문화

법정을 포럼(forum)이라고도 한다. 포럼은 집회 또는 토론이 열리는 공개된 장소를 말한다. 이러한 맥락에서 법정을 포럼이라고 하는 표현은 매우 시사적(示唆的)이다. 물론 우리의 법정을 생각하면 이런 의미의 포럼이 자연스럽게 다가오는 것은 아니다. 그러나 법정에서 말로 하는 재판문화가 정착하기 위하여 포럼으로서의 법정문화(法廷文化)가 실현되어야 하지 않을까 생각한다.

말로 하는 재판은 말을 할 수 있도록 하는 것만으로는 부족하다. 말을 하도록 하는 것은 말을 듣기 위함이요, 말을 듣는 것은 대화와 토론을 하기 위한 것이다. 마음을 열고(open mind) 마음으로 다가가지 않는 말로 하는 재판은 생색용(生色用) 구술심리주의에 불과하다.

좋은 법정(good court)은 좋은 토론(good debate)이 이루어지는 법정을 말한다. 법정과 토론이 친하게 느껴지지 아니하는 것은 법정의 권위를 강조하는 법정문화에 기인한다. 성숙하고 품위 있는 재판은 법관과 소송관계인의 품격 있는 대화와 토론이 이루어짐으로써 비로소 가능하다. 그런 의미에서 법정문화는 토론문화의 연장선에서 모색되어야 한다. 법정에서 법관도 당사자와 마찬가지로 토론의 적극적인 참여자가 되어야 함은 두말할 나위가 없다.

포럼으로서의 법정문화는 재판에 참여하는 사람들의 바람직한 매너와 시민의식에서 비롯된다. 토론의 문화는 경청과 소통의 문화이다. 품격 있고 세련된 법정을 지향하기 위한 전제로서 법정예의가 자연스럽게 녹아들도록 하여야 한다.

단순히 법정의 존엄과 질서유지의 차원에서 법원이 소송관계인에게 요구하는 지침적인 것이 아니라, 법관 자신도 이를 지킬 것이 요구되는 진정한 의미에서의 행동기준이 마련되어야 한다.

예컨대 미국 델라웨어주 법관업무수행원칙(Principles of Professionalism for Delaware Judges)은 제1원칙으로 "법관은 소송관계인에게 예의를 갖추어야 하며(courteous), 존경으로 임하여야 하며(respectful), 정중하게 대해야 한다(civil)"고 규정하고 있다. 미국 대부분 주의 법정예의기준(code of civility, standards for courtesy and decorum)도 같은 취지로 규정하거나 이와 더불어 법관에게 인내심을 발휘할 것(patient)을 추가하기도 한다.

우리나라의 법관윤리강령(法官倫理綱領)도 이와 비슷한 내용의 것이 있기는 하나(제4조 제3항) 다른 내용에 묻혀 크게 부각되지 않고 있다. 차제에 법관 및 소송관계인 모두에게 적용되는 법정예의지침을 만들어 보는 것도 고려해봄 직하다.

바람직한 법정문화를 위한 염원은 국민 모두의 몫이다. 법원과 소송관계인 모두가 늘 성찰하는 마음으로 되돌아보면서 좀 더 나은 재판을 위해 노력을 아끼지 않기를 바라는 마음이다.

법원의 친절

법원이 개최하는 국민과의 소통이나 법정문화 개선의 포럼 또는 심포지엄 등에서 발표를 하는 경우 지정토론을 마치면 플로어(floor)의 질문을 받는다. 이때 거의 빠지지 않고 등장하는 질문 가운데 하나가 법원의 불친절이다.

대개 자신이 경험한 에피소드를 들어가며 불친절한 법원을 묘사한다. 정작 질문이라기보다 법원을 성토(聲討)하듯 토로한다. 공청회도 아닌 포럼 등에 참석하여 끝까지 자리를 지켜가며 마음에 쌓인 말을 풀어내고 싶은 심정이 충분히 이해되어, 법원관계자가 아닌데도 숙연하기까지 하다.

사법불신(司法不信)은 재판 자체도 그렇거니와 민원창구(民願窓口)에서 생긴다. 소송관계인은 법정에서의 판사의 언행 등에 대하여, 민원 등으로 법원을 찾는 일반인은 민원창구의 법원 직원의 친절 여부에 대하여 예민하게 반응한다. 평소 법원에 대한 권위적 인상이 잠재(潛在)되어 있어 조그만 불친절에도 크게 마음이 상하게 된다.

법원이 법정이나 민원창구에서의 친절 등 법원 분위기 개선을 위하여 많은 노력을 기울이고 있다. 그러나 법원의 변화에 대한 국민의 체감지수는 그다지 크지 않다. 여전히 법원의 친절도는 다른 기관에 비하여 상대적으로 낮은 것으로 나타나고 있다. 결국 법원의 개선 의지 및 노력에 비하여 실질적인 개선의 효과가 두드러지게 나타나지 않음을 알 수 있다.

법원이 표방하는 '국민을 섬기는 법원'에 대하여 국민은 그 진정성을 의심하기도 한다. 법원이 국민을 존중하고 존경하는, '국민 속의 법원'이라는 데 국민은 선뜻 동의하지 않는다. 법원이 내세우는 국민으로 다가가는 소통(judicial outreach)의 강조도 상당 부분 명분적이며, 체질 변화에 이를 정도의 실질적인 것과는 거리가 있음을 안다.

법원의 친절은 교육된 친절보다는 마음으로 전해지는 친절이어야 한다. 마음이 없는 친절을 접하면 무언가 부족한 몇 % 때문에 마음 한 구석엔 불편함이 남아 있게 된다. 법정에서의 판사나 민원창구에서의 법원 직원이나 모두 스스로 맡은 바 직무에 대한 철저한 사명감(commitment)이나 소명의식을 가질 때 비로소 친절한 마음이 생기고 친절한 행동이 나타나게 된다.

법원이 하향식으로 친절 캠페인을 도모하기보다는 2012년 발족한 시민사법위원회제도나 시민사법참여단제도의 활용을 통하여, 그리고 민원옴부즈만(ombudsman) 제도의 활성화를 통하여, 국민 스스로가 법원과의 소통의 적극적 참여자가 되도록 하여야 한다. 종국적으로는 법원 내부의 인식변화에 따라 자생적(自生的)으로 친절 문화가 정착되도록 하는 것이 바람직하다.

법원은 사법서비스를 하는 곳이다. 법원의 궁극적 주체는 국민이다. 국민이 내는 돈으로 법원이 운영된다. 법원의 친절은 국민에 대한 최소한의 예의이다. 법원의 권위는 국민이 법원으로부터 존중받는다는 마음속에 움이 트고 싹이 돋는다. 국민이 법원과의 1차적 대면(對面)부터 '법원은 불친절한 곳'으로 인식되는 상황은 화급(火急)을 다투어 개선하여야 당면과제(當面課題)가 아닐 수 없다.

법정예의

요즘 재판정에서 법정예의를 벗어난 변론활동의 모습을 종종 보게 된다. 국가적 내지 사회적 관심이 집중된 사건에서 여론의 향배(向背)에 영향을 미치려는 의도로써 재판부에 대한 공세적 언사를 서슴지 않기도 한다.

법정예의는 단순히 법정질서 유지의 차원에서 논의되는 것만은 아니다. 법정예의는 사건의 승패에도 영향을 미칠 정도로 중요한 문제이다. 법정에서 예의를 갖추어 품위 있게 변론하는 것은 소송대리인의 기본적 덕목(德目)이자 의무(professional responsibility)이다.

법정예의는 재판을 하는 법원의 권위를 인정하고 존경하는 데서 비롯된다. 선진 국가는 법령이나 규칙·예규 등에서 법정에서의 에티켓(court etiquette)에 관한 상세한 규정을 두고 있다.

우리나라의 경우 법정질서의 유지 및 그 제재에 관한 일반적 규정을 두는 외에 법정예의에 관한 행동지침(ethics code)이 될 만한 구체적 규정은 두고 있지 아니하다. 한때 '바람직한 재판운영에 관한 방안'이라는 재판예규를 두어 법정에서의 자세, 언어, 복장 등에 관하여 상세한 규정을 두었다가 2008년 8월 이 예규를 폐지하였다. 변호사윤리장전(辯護士倫理章典)의 윤리규약(倫理規約)에서도 "변호사는 사법권을 존중하며, 공정한 재판과 적법절차의 실현을 위하여 노력한다"는 포괄적 규정을 두고 있을 따름이다.

법정의 존엄과 재판 권위의 확립은 법치국가의 기본이다. 법원의 위신과 재판의 신뢰성을 손상시키더라도 변론권(辯論權)이 보장되어야 하는 것은 아니다. 변론의 방식에 어긋나는 변론에 대해서는 법원이 단호하게 대처하여야 한다. 대법원은 "법정의 존엄과 질서가 확보되지 않으면 재판의 권위와 사법부의 신뢰 또한 확립될 수 없다"는 말로써 시작되는 '법정질서유지를 위한 재판장의 조치 등에 관한 예규'(재판예규 제871-20호)에서 이를 명확히 하고 있다.

법원은 법정예의를 지키지 아니하고 법정질서를 흐트러뜨리는 행위에 대하여 단순히 묵인하여 방임하거나 가볍게 지적하는 선에서 끝내는 등 피동적(被動的)으로 임해서는 아니 된다. 특히 법률전문가인 변호사에 의한 고의적 법정질서 위반행위를 용납하는 것은 사법의 권위와 사법부의 존립을 스스로 무너뜨리는 행위이다.

사회가 혼란스러울수록 법치(rule of law)의 필요성이 더욱 강조된다. 법치를 떠나 혼란을 수습할 다른 방도는 없다. 법치의 최종적 귀착(歸着)은 사법(司法)이다. 사법부에 의한 재판이 법치의 백미(白眉)로 자리잡아야 진정한 법치국가라고 할 수 있다.

법정은 대화와 토론을 통하여 정의가 실현되는 공간(forum)이다. 치열한 법리공방(法理攻防)도 상대방의 논리를 경청하고 자신의 논리를 보다 설득력 있게 주장하는 방법으로 행해져야 한다. 치열하게 다투어지는 사건일수록 금도(襟度)를 잃지 않고 세련되고 성숙하게 변론하는 모습이 그리워지는 세태이다.

사법정의에 관한 단상

요즘처럼 사법(司法)이 우리의 삶의 전면(前面)에서 삶을 주도하는 시대는 드물 것 같다는 생각이 든다. 법을 전공하는 사람으로서도 따라잡기 힘들 정도로 사법의 작용은 속도감 있게 우리의 사법사(司法史)의 큰 획들을 그어가고 있다. 정의의 관념을 붙잡고 세태를 바라보지 않고서는 시대의 흐름을 제대로 읽어 가기도 어렵게 되었다.

법의 목표이자 기준인 정의(正義)가 무엇인지 궁리하는 것은 정도에 차이가 있을지언정 법실천의 현장에 있는 모든 법조인의 운명적 화두(話頭)이다. 법조인의 사명은 궁극적으로는 정의에 의해서만 정당화된다. 정의에 관한 수많은 철학적 논쟁은 학문을 하는 사람에겐 매혹적인 주제이다.

그러나 사법작용의 기준이 되는 정의는 건전한 상식에 기초하여 소박하게 이해될 수 있는 것으로서, 최소한 실천적 의미를 지니는 것이어야 한다. 그렇다면 국민 일반이 시인하고 수긍할 수 있는, 국민 일반의 삶을 규율하는 정의는 어떻게 정의(定義)될 수 있는가?

정의(justice)란 말 그대로 치우치지 않고 바른 것(fair)이며, 잘못되지 않고 옳은 것(just)이다. 이러한 정의는 우리의 삶이 선(善)한 삶으로 추구되고 유지될 수 있도록 한다.

사회가 다양해질수록 선택 가능한 가치는 복잡해진다. 이러한 가치들은 상호 대립하고, 갈등한다. 가치가 혼재(混在)하고 충돌하는 상황에선 자신이 동조(同調)하고 선택한 가치가 정의롭다고 생각한다. 따라서 사법작용에 있어서 정의에 기초한 임무는 갈등하는 가치들을 지양(止揚)하여, 보다 궁극적 가치를 발견하고 선언하는 일이다.

오늘날 우리의 상황으로 되돌아와서 우리의 현실에 비춰진 정의의 모습을 바라본다. 사회에 만연한 이분법적(二分法的) 사고는 대립과 갈등만 심화시킬 따름이며, 이로써는 법적 정의를 발견하기 어렵다. 이분법적 사고는 각자가 지향하는 가치를 극명하게 대조하여 보여주는 긍정적인 면을 무시할 수 없으나, 법조인으로서는 지극히 경계하여야 할 비전문가적 사고임은 두말할 나위가 없다.

우리가 처한 위기상황의 근본은 공인(公人)이든 사인(私人)이든 자신의 직분을 정의롭게 수행하지 못한 데서 비롯된다. 도덕적으로 비난받거나, 정치적으로 비판을 받을 정도를 넘어 헌법과 법률을 위반하는 경우 이에 상응하는 법적 제재를 받는 것은 사법(司法)이 정상적으로 작동하는 한 어떠한 예외나 편법(便法)이 있을 수 없다. 정치인이라고 해서 정치적 논리가, 기업인이라고 해서 경제적 논리가 법적 정의보다 앞서는 사회는 결코 법치국가라고 할 수 없다.

오늘날 횡행(橫行)하는 언변(言辯)과 논리들이 법적 정의에 얼마나 부합하는 것인지 차분하게 검증할 수 없을 정도로 격변하는 세태가 안타깝다.

법조계와 사법정의

요즘 법조계의 분위기가 심상치 않다. 연일 법조계의 비리(非理)가 뉴스에서 오르내린다. 학교에 있어 비켜 있지만 마음이 불편한 것은 어쩔 수 없다. 어떻게 이러한 지경에 이르렀는지 참담함과 황망함은 국민 일반이 느끼는 심정과 다를 바 없다.

국민의 사법에 대한 신뢰는 떨어질 대로 떨어져 있다. 그런데도 사법당국은 이를 쉽사리 인정하려고 들지 않는다. 국민과의 소통을 말하면서도 국민이 느끼는 불신에 대해서는 마음을 기울이지 않는다. 법조계의 중요한 현안(懸案)들에 대하여 해법(解法)을 찾기를 기대할 수도 없다. 이러한 현안들에 대한 문제의식조차 갖추고 있는지 의문이기 때문이다.

법조계 가까이서 법조계를 들여다보면 법조계의 최대의 문제는 자기성찰(自己省察)의 부재(不在)라는 생각이 든다. 법원은 법원대로, 검찰은 검찰대로, 변호사단체는 변호사단체대로 자기 직역의 이해관계를 먼저 앞세운다. 그렇다고 그 직역의 실상(實狀)을 정확히 파악하고 있는 것도 아니다. 팔은 안으로 굽는다고 자신이 생각하고 싶은 대로 이해하려 든다. 그러니 정확하게 알고서 대책 운운할 입장도 아니다.

오래전부터 문제로 지적된 것들이 별다른 진전 없이 지금껏 그대로 논의되는 이유는 문제점을 접근함에 있어서 솔직함, 문제점을 발견함에 있어서 용기, 문제점을 해결함에 있어서 과단성(果斷性), 그 어느 하나도 우리의 법조계에선 제대로 찾아보기 어렵기 때문이다.

우리 법조계의 고질적인 병폐 가운데 하나는 치적(治績)을 앞세우는 공명심(功名心)이다. 사법의 발전을 이야기할 때에는 외형적 실적만을 만지작거리기 일쑤다. 제도의 발전을 운운하면서도 제도의 이용자인 국민의 이익을 위하여 실제적으로 어떤 편익(便益)을 제공하는지 국민의 입장에서 설명하지도 아니한다.

국민이 바라는 사법의 모습은 소박하기 이를 데 없다. 법원은 재판을 반듯하게 제대로 해주는 것, 검찰은 형벌권 발동을 정확하게 해주는 것, 변호사는 맡은 사건을 최선을 다하여 법적 조력을 하는 것이다. 물론 이들에게 공통적으로 적용되는 것은 옳은 것은 이기고 그른 것은 지도록 함으로써 파사현정(破邪顯正)을 실현하는 것이다.

법조인에게 요구되는 가장 큰 덕목(德目)은 무엇인가? '초심(初心)을 잃지 말자', '초심으로 돌아가자'는 것이다. 무엇이 그런 초심인가? 무엇이 법조인을 다른 직업 종사자와 구별하게 하는 특징적 징표인가?

법조인은 사법(司法)에 직·간접적으로 종사하는 사람이다. 사법(justice)은 정의(正義)이다. 따라서 법조인이 지녀야 할 초심은 바로 '하늘이 무너져도 정의를 세운다(fiat justitia ruat caelum)'는 마음이다. 법조인이 초심을 잃는 순간 법조인의 길에서 벗어나 있음을 한시라도 잊어서는 안 된다.

대통령과 법치주의에 대한 단상

내일(2017년 5월 9일) 제19대 대통령 선거가 치러진다. 다음 대통령에 거는 국민의 기대는 매우 크다. 대통령의 직무 수행에 대한 국민의 관심이 여느 때와 비교할 수 없을 만큼 커졌기 때문이다.

지도자의 법과 원칙에 대한 인식이 반듯한 나라를 만들어가는 데 얼마나 중요한지 뼈저리게 경험하였다. 이번 대선 후보들의 공약 검증이 제대로 이루어졌는지 의문이 든다. 검증의 주체, 수단 등이 제도화되지 아니한 상태에서 표를 의식한 선심성 공약이 난무하기도 한다.

법조인으로서 관심은 위정자가 사법(司法)에 대하여 어떠한 인식을 가지고 있는지 여부이다. 막연히 법치주의에 대한 상식적 수준의 언명(言明)이 아니라, 실질적으로 법치주의 실현에 어떠한 확고한 신념을 가지고 있는지 살피게 된다. 대선 후보들의 법치주의에 대한 인식이 어떠한지 구체적으로 확인할 수 있는 기회가 없이 정치적 계산에서 공약이 설정되고 생산되는 것은 국민의 미래를 위해선 안타까운 일이다.

지나친 비약일지 모르겠으나 정치, 경제, 사회, 문화 등 모든 면에 있어서의 공약도 결국은 법치주의의 테두리 안의 문제이다. 어떠한 정치신념도 법치주의를 넘어서는 정당화될 수 없다. 오늘날 우리나라의 불행한 정치사는 위정자의 법치주의에 대한 인식의 부재 내지 결여에서 비롯되지 않나 생각한다. 법치주의의 근간은 헌법을 수호(preserve and protect)하는 의지에 있다.

헌법이 지향(指向)하는 자유민주주의에 대한 철저한 이해 없이는 국정

수행의 목표를 위하여 법률을 수단화하는 유혹에 빠지기 쉽다. 이는 법치주의에 치명적 결과를 가져온다. 대통령은 president일 뿐이다. 모든 국민(we the people)을 위한 국정운영의 최고책임자일 따름이다.

이번 대통령은 대법원장과 헌법재판소장을 비롯한 대법원과 헌법재판소 구성에 결정적 영향을 미친다. 대통령의 사법인식 내지 사법철학이 얼마나 중요한지는 달리 설명할 필요가 없다. 새 정부에서는 사법제도가 보다 더 확고히 자리잡고 발전하는 계기가 되었으면 한다.

우리의 사법제도의 현실을 보면, 국민을 위한다는 명분이 없는 사법제도는 없으나, 진정으로 국민을 위한 사법제도인지는 선뜻 동의하기 어려운 사법제도가 곳곳에 산재하고 있음을 알 수 있다.

새 정부의 출범과 더불어 우리의 사법도 국민의 꿈과 희망을 제대로 갈무리할 수 있도록 옷깃을 새로 여미는 계기가 되길 기대한다. 다음 대통령은 진정으로 국민의 안전과 복리를 위하여 헌신하고, 법치주의의 실현을 위하여 솔선수범하는 존경받는 대통령이 되길 염원(念願)한다.

II 민사사법개혁의 방향

국민을 위한 사법

사법부는 '국민을 위한 사법부', '국민과 소통하는 사법부'를 외친다. 마음과 다르게 하는 소리가 아님은 모를 바가 아니다. 그러나 마음만으로 국민을 위한 사법부가 되는 것은 아니다.

국민을 위한 사법부가 되는 것은 매우 쉬울 수 있다. 재판을 올바로 하는 것이다. 그 밖에 사법부에 기대하는 것은 대체로 부수적인 것들이다. 절차적 만족감도 재판의 실체적 만족감에 비하면 훨씬 떨어진다. 절차가 제대로 보장되었다고 하나, 실체 판단을 그르친다면 절차는 무색해지는 것이다.

우리의 사법부가 세계적으로 우수하다는 것을 홍보(弘報)하는 것에 대해서 달리 시비(是非)를 할 수 없다. 그러나 국민의 사법부에 대한 신뢰는 통계상으로나, 체감상으로도 사법부가 이해하는 수준에 훨씬 못 미친다. 사법부의 모습은 사법부 안에서 보는 것보다 사법부 밖에서 보면 쉽게 알 수 있다. 국민의 사법에 대한 신뢰는 재판 자체에 있음을 사법부가 한시라도 잊지 않았으면 한다.

국민을 위한 사법제도

예전과 다르게 최근 들어 사법제도의 변화 속도가 훨씬 빨라지고 있다는 느낌이 든다. 기본법 분야에 있어서조차 관련 법령 등의 개정이 부쩍 늘어나고 있다. 개정의 필요성은 그렇다 하더라도 이에 따른 충분한 검토가 이루어졌는지 의문이 들 정도로 급격하고 과감한 개정 조치에 당혹감이 들기도 한다.

필자도 그동안 여러 법 개정 작업에 참여한 바 있어 법 개정의 배경, 경위 및 절차 등을 조금이나마 알고 있지 않나 자부하였다. 그러나 최근 법 개정의 전반적인 분위기가 무언가 조급하게 서두르는 것 같이 느껴져, 차제에 하나하나씩 그 문제점을 정확히 짚어나가야겠다는 마음을 다지기도 한다.

사법제도의 개정은 궁극적으로 국민을 위한 재판을 위한 제도의 변경이어야 한다. 따라서 무엇이 국민을 위한 것인지를 확정하는 일이 우선되어야 한다. 국민을 위한다고 표방을 하고, 그럴 만한 명분을 제시하는 일은 그다지 어렵지 않다. 제도 내적 여러 이해관계 가운데 국민과 관련된 부분을 부각하고 이를 확대하면 국민을 위한 제도로서 보다 설득력을 확보할 수도 있다.

그러나 국민을 위한 부분과 사법운용 주체를 위한 부분과의 균형을 고려한 비례적 정의(比例的 正義)가 지켜진 개정인지는 별개의 문제이다. 최근 상고법원 설치와 관련한 논의에 있어서 가장 중요하게 다루어져야 할 것은 이러한 제도가 국민을 위한 제도인지 여부이다.

이러한 논의에 있어서 대법원의 재판을 받을 권리가 헌법상 보장된 권리가 아니라 법률상 보장된 권리에 지나지 않음을 부각하는 것은 실질적 의미가 없다고 생각한다. 헌법상 보장된 권리이든 법률상 보장된 권리이든 모두 국민을 위하여 존재의의(存在意義)와 가치를 가지는 제도임에는 다를 바 없으며, 국민 역시 그 보장된 권리의 근거규범에 대하여 정확한 인식을 전제로 사법제도를 이해하는 것도 아니다.

국민을 위한 사법제도의 변화에 있어서 대법원의 규칙 개정도 이에 따른 국민에 미치는 영향을 고려하면 법률의 개정 못지않다. 따라서 이를 위하여 보다 신중한 자체 내 개정 시스템 확보와 외부 전문 인력에 의한 검토 및 공론화(公論化) 과정이 필요하다.

예컨대 최근(2015년 1월 28일) '민사 및 가사소송의 사물관할에 관한 규칙'을 개정하여 단독사건의 사물관할의 소송목적의 값(訴價)이 1억 원에서 2억 원으로 두 배나 늘어나게 되었다. 지금껏 단독사건의 사물관할의 범위의 확장 추이(推移)에 비추어 보면 너무 급격한 변화가 아닌지 생각이 든다.

증거법을 가르치다 보면 현대형 소송에서 증거의 구조적 편재(偏在)라는 말을 많이 쓰게 된다. 현대 사법제도에 있어서도 사법정보의 구조적 편재라는 말을 떠올리게 된다. 사법정보의 정확한 개시(開示)로 일반 국민으로 하여금 사법제도의 실정을 정확히 파악하게 하고 국민의 법적 인식, 법적 정서 등 법문화에 부응하는 실질적인 진정한 법령 등 개정이 보다 신중하게 이루어지길 바라는 마음이다.

법원이 당면한 과제

요즘 법원이 많이 뒤숭숭할 것 같다. 법원을 떠난 지 오래되었는데도 그런 감정이 이입되는 것을 보면 분위기가 심상치 않은 것만은 사실인 것 같다. 법원 안에 있을 때와는 달리 법원 밖에 있으면 어느 정도 거리를 두고 법원을 볼 수 있게 된다.

법원은 국민에게 다가가는, 국민과 함께하는, 국민 속의 법원을 늘 표방한다. 그러나 이런 말들은 실제 국민에게 법원을 이해시키고 홍보하는 성격이 강하다. 그러니 국민의 소리를 듣는 데는 늘 한발짝 늦다.

전관예우의 문제만 해도 그렇다. 지금껏 법원은 "전관예우가 없는데 국민이 이를 알아주지 않으니 답답하다"는 말로 법원의 심경을 대변하여 왔다. 국민의 인식과 정서와는 거리가 있어도 한참 동떨어진 이러한 관념에 대하여 법원 내부에서는 토를 달 엄두를 낼 수도 없다.

법원의 이런 낙관적 인식의 근거가 무엇인지 의아할 따름이다. 판사에게 전관예우가 있는지 설문조사를 해서 알 수 있는 일도 아니며, 암행감사라도 하여서 알 수 있는 일도 아니다. 당연히 법원으로서는 "오이밭에서 갓끈도 고쳐 매지 않는다"는 마음으로 임했어야 마땅한 일이었다. 따라서 전관예우의 문제에 대해선 애당초 법원이 앞장서 마음을 비우고 근본적인 대책을 세웠어야 하였다.

법원의 멘탈(mentality)의 문제는 알게 모르게 지닐 수 있는 엘리트의식이다. 재판은 남의 말을 듣고 이를 평가하는 것이어서 법대(法臺)의식에 빠져들기 쉽다. 그러니 법원을 비판하는 소리는 귀에 거슬리고 이를 달가워할 턱이 없다. 비판의 소리에 대해 겸허하게 살피고 따져 볼 생각을 하기보다는 반박하는 논리를 찾기에 급급하다.

실제 우리의 사법제도가 외양에 있어서 밖으로 내세울 만한 제도의 변화가 없지 않았으나, 재판의 질(質), 재판에 대한 국민의 신뢰(信賴)의 면에서 과연 어느 정도로 발전을 가져왔는지는 의문이다.

법원이 제자리를 잡으려면 법원이 국민 앞에 겸허하여야 한다. 국민에게 법원이 잘하고 있는 것만 알리려고 해서는 아니 된다. 법원이 무엇을 잘못하고 있는지를 진정으로 살피려는 마음으로 국민에게 다가갔으면 한다. 법조계 전반에 걸친 오늘날의 문제는 자기반성의 부재(不在)에서 비롯하지 않았나 생각된다.

여태껏 부정하고 기피해 온 많은 문제에 대하여 다시 머뭇거리거나 좌고우면(左顧右眄)할 수 있기에는 너무나 많은 것을 실기(失機)하였다. 사법부 본래의 모습으로 돌아가기 위한 뼈를 깎는 심정으로 슬기롭게 대처하는 것만이 사법부가 그동안 실추해 온 국민의 신뢰를 어느 정도나마 만회할 수 있는 길이다.

사법제도개혁의 접근방식

사법제도의 근본적 개혁에 관하여 두 가지 접근방식이 존재한다. 프레임(frame)의 변혁와 패러다임(paradigm)의 변혁이다. 사실심 법원의 사건 적체(積滯) 해소방안과 관련하여 이를 적용하면, 판사를 대폭 늘리거나 사건을 대폭 줄여 문제를 해결하는 방식이 프레임 변혁의 방식이다. 한편 프레임 내에서 재판에 대한 이념이나 관념의 재설정을 통하여 문제를 해결하는 방식이 패러다임 변혁의 방식이다.

프레임의 변화는 사법제도의 인프라(infrastructure)에 관한 것으로 물리적 방식에 의한 것이라면, 패러다임의 변화는 재판의 관념에 관한 것으로 화학적 방식에 의한 것이라 비유할 수 있다. 사법자원의 실정상 사법제도의 프레임의 변화가 매우 어려운 일이라면, 보다 실현가능한 패러다임의 변화에 눈을 돌려야 할 필요가 있다. 이러한 패러다임의 변화는 재판의 목적이나 이상(理想)인 적정(適正)과 신속(迅速)에 관한 인식 또는 관념의 변화를 말한다.

재판의 적정은 실체적 진실발견을 위한 가치이다. 신속한 재판은 분쟁의 신속한 해결을 위한 가치이다. 모두 절차법적 이념이나 가치들이다. 국민의 정서는 두 가치가 모두 온전히 실현되기를 바란다. 재판의 실제도 대체로 그러하다. 신속을 위하여 적정이 결코 양보되어서는 아니 된다는 관념이 지배하고 있다. 과연 이러한 재판 마인드가 옳은 것인가?

한정적 사법자원을 전제로 사법자원의 파이(pie)를 키우는 획기적인 프레임의 변화는 일단 논외로 하고, 패러다임의 변화의 모색에 있어서 적정과 신속이라는 이념의 정체성(正體性)에 대하여 진지한 논의가 필요하다.

대부분의 선진 사법제도에서는 적정보다 신속을 우위에 두고 있다. 재판의 기본은 적정과 신속한 재판이다. 그러나 이러한 적정이 신속과의 긴장 내지 충돌시에는 신속의 이념을 우선한다. 최근 몇 년 동안 세계절차법 연구 결과도 마찬가지이다.

재판제도의 운영에 있어서 적정의 도그마(dogma)에 빠져 진정한 제도 변화의 물꼬를 잘못 잡아서는 아니 된다. 신속한 재판을 위하여 마련된 여러 제도적 장치(특히 민사사건에 있어서 재정기간(裁定期間), 실기(失機)한 공격방어방법의 각하, 변론준비기일의 효과 등과 관련한 실권효(失權效)의 적용 등)가 거의 이용되고 있지 아니한 현실에서 더욱 그러하다.

사실심 충실화와 더불어 사실심 법원의 재판 관념의 기본적 변화가 효율적 사건 처리에 획기적으로 기여할 것으로 생각한다. 신속한 재판의 강조가 오히려 사실심 법원의 업무를 더욱 가중시킬지 모른다는 생각은 재판의 적정과 신속의 근본적 재설정(再設定)을 전제로 하지 아니한 우려이다.

대법원으로서도 법률에 규정되어 있는 좋은 제도들이 제대로 살아 움직이고 있는지(만들 때의 생각과 만든 후의 생각이 다르지 않도록) 꾸준히 점검을 하여야 한다. 이러한 일이야말로 정책법원으로 지향하는 대법원의 본래적 기능에 부합한다.

사법행정의 전문화

법원의 사법행정은 사법재판에 못지않게 중요하다. 사법행정은 기본적으로 사법정책의 수립 및 사법제도의 운영을 통하여, 재판업무의 기본틀을 설정하는 일이기도 하기 때문이다.

사법행정은 법원행정처장인 대법관을 비롯한 법관 및 법원 직원에 의하여 이루어진다. 그러나 지휘·감독의 최종적인 책임자는 법원행정처장이며, 중간 책임자는 각 부서별 업무에 따라 차이가 있을 수 있지만 법관이다.

법관은 기본적으로 재판업무를 담당하므로, 행정업무에 정통하다는 아무런 담보가 없다. 사법행정 가운데 재판관련 업무라고 하더라도 사법행정은 재판과 달라 행정적 마인드를 가진 행정수행능력이 있는 전문가(專門家)에 의하여 수행되어야 한다.

법관으로서 행정업무를 수행하는 경우 재판 업무의 능력 외에 행정업무의 능력이 정확이 평가되어 그 능력에 합당한 보직에 임명되어야 한다. 그런데 우리 법원이 이러한 검증 시스템을 갖추고 있는지 의문이다.

법원행정에 대하여 초기엔 '국', '실'로 운영되다가 '처'로 승격되어 법원행정처장을 대법관으로 보(補)하였다. 그러다가 2005년 12월 14일 법원조직법의 개정으로 다시 정무직으로 보하였다. 사법행정과 재판조직을 분리함으로써 사법행정의 전문성을 제고하기 위한다는 이유에서이다. 그 후 2007년 12월 27일 법원조직법을 개정하여 다시 법원행정처장을 대법관 가운데 보하도록 하였다. 법원행정처장이 대법관이어야 대법관회의에서 의결권을 행사할 수 있어 사법행정에 있어 주도적 역할을 할 수 있다는 이유에서이다(법원행정처장은 전원합의체 판결에도 관여하지 아니하여, 일체 대법원의 재판 업무를 담당하지 아니한다. 오로지 사법행정에만 전념하도록 하고 있다).

사법행정은 진정으로 전문화(專門化)되어야 한다. 사법행정에 있어서 국민의 정서를 읽어낼 수 없다면 사법행정의 성공은 기약할 수 없다. 다른 견해를 수용할 줄 모르는 협량(狹量), 비판을 겸허히 수용할 줄 모르는 편협(偏狹)으로 임하는 사법행정은 국민과 더불어 하는 사법행정이라고 할 수 없다. 사법행정은 국민을 배려하는, 섬세한 것이어야 한다. 사법행정의 시행 과정에 국민 어느 누구도 마음의 상처를 받게 해서는 아니 된다.

문민정부와 사법개혁의 역사

오늘(2015년 11월 26일)은 김영삼 전 대통령의 영결식이 있는 날이다. 김 전 대통령은 권위주의 정부로부터 문민정부(1993. 2.~1998. 2.)를 연 대통령으로, 재임기간 중 사법개혁의 물꼬를 튼 분이기도 하다. 금융실명제에 따른 경제정의, 고위공직자의 재산공개에 따른 공직사회의 기강 확립 등 사회 전반에 대한 개혁조치와 함께 사법개혁 조치 역시, 그 이전의 모습과는 확연히 다른 사법제도의 변혁을 도모하였다. 그럼에도 김영삼 전 대통령의 여러 공적 가운데 사법제도개혁 부분에 대한 조명은 제대로 이루어지고 있지 않다.

민주화 과정에서 국민의식이 향상되어 사법에 대한 국민의 기대도 상대적으로 커졌다. 김영삼 정부가 출범함에 따라 권위주의 정부에서의 사법제도에 대한 국민의 불신과 불만도 고조되었다. 김영삼 전 대통령이 취임한 해인 1993년 6월 '3차 사법파동'이 있었다.

3차 사법파동은 대법원이 같은 해 5월 내놓은 사법부 개혁방안에 대하여 반발하면서, 당시 서울민사지방법원 판사 40명이 사법부의 반성과 개혁을 촉구하는 건의서를 대법원장에게 제출하면서 촉발되었다. 당시 대법원장의 퇴임으로 진정되었다. 이러한 상황에서 김영삼 정부 초기부터 민주적이고, 선진적인 사법시스템의 구축은 필연적 과제로 등장하였다.

사법개혁의 아이콘을 만들어, 사법개혁의 드라이브를 건 것은 김영삼 정부 때부터라고 하여도 과언이 아니다. 사법개혁(judicial reform)이라는 표현에 합당한 사법개혁프로그램이 가동되기 시작하였다. 1993년 11월 대법원(윤관 대법원장) 산하기구인 '사법제도발전위원회'가 발족되어 그동안 쌓여온 사법개혁의 과제들을 아젠다(agenda)로 하여 본격적인 논의를 시작하였다.

서울민사지방법원과 서울형사지방법원의 통합, 특허법원 및 행정법원 등 전문법원의 설치, 시·군법원 설치, 고등법원 원외재판부 설치, 예비판사제도, 구속영장실질심사제도, 법관인사위원회 및 판사회의의 설치 등 법원의 조직의 개편, 재판관행의 개선, 판사인사제도의 개혁 등의 조치가 검토되어, 그 후 관련 법률 등의 개정을 통하여 시행하였다.

비교적 짧은 기간(3개월) 가동되었던 사법제도발전위원회에 이어 1995년 1월 김영삼 전 대통령의 강력한 추진의지에 의하여 범정부적 차원에서 국무총리 소속의 '세계화추진위원회'(세추위)가 발족되어, 세계화를 위한 사법개혁을 중점과제로 하여 사법개혁에 관한 그랜드 플랜(grand plan)을 다루었다.

세추위에서 당시 사법시험 300명의 정원을 연도별로 단계적으로 확장하여 2000년 이후에는 1,000명 내지 2,000명까지 증원하는 방안을 논의하였다. 법률시장의 외국 개방에 따른 체질 강화, 법조 부조리의 해결을 위한 전관예우의 근절(根絶)과 같은 문제 역시 주요논제가 되었다. 한편 법조인 수의 부족을 해소하고, 국제경제력 있는 전문법률가를 양성하기 위하여 한국형 로스쿨을 도입하는 방안이 검토되기 시작한 것도 세추위에서이다.

김영삼 정부의 이러한 사법개혁에 관한 본격적 논의에 힘입어 다음 정부에서도 사법개혁의 추진은 지속되었다. 김대중 정부에서는 1999년 5월 대통령 자문기구인 '사법개혁추진위원회'가, 노무현 정부에서는 2003년 대법원 산하기구로 '사법개혁위원회'(사개위, 2004년 12월 활동 종료), 2005년 1월 대통령 자문기구로 '사법제도개혁추진위원회'(사개추위, 2006년 11월 활동 종료)가, 이명박 정부에서는 2010년 국회 '사법제도개혁특별위원회'(2011년 6월 활동 중단)가 각 발족되어, 사법개혁의 논의가 간단없이 이어져왔다. 김영삼 정부 시절 근대사법 100년(1995년) 사상 처음으로 실질적 의미에서 사법제도개혁이 본격화되기 시작하였다.

김영삼 정부에서의 사법개혁이 주로 법원 및 재판, 그리고 법조인양성제도 내지 법학교육제도에 초점을 맞춘 까닭에 보다 광범위한 사법제도개혁에는 미치지 못하였다. 그러나 국민이 체감할 수 있는 사법서비스의 강화라는 사법개혁의 목표 달성을 위하여 부단한 노력이 경주된 시기이었다.

당시 사법개혁의 분위기에 맞물려 서울 서초동 대법원 신청사(1995년 12월), 서울 재동 헌법재판소 신청사(1993년 6월), 서울 서초동 대검찰청 신청사(1995년 8월)가 준공되었다. 각 신청사의 준공식에 김영삼 대통령이 빠지지 않고 참석하여, 새로운 청사에서 새로운 사법의 시대를 열어가는 의미를 더하였다.

사법제도개혁은 늘 미완(未完)이다. 미완이므로 사법제도개혁은 진행형(進行形)이다. 아직도 사법제도개혁을 기다리는 많은 과제들이 남아있다. 사법제도개혁의 요체(要諦)는 초심을 잃지 않음에 있다. 사법개혁의 목표이자 과제는 국민의 사법에 대한 진정한 바람을 실현하는 것이다. 국민을 위한 대승적(大乘的) 차원에서 사법개혁을 지속적으로 추진해나가야 한다.

김영삼 전 대통령은 민주화를 위한 격동의 시대에 사법개혁에 있어서도 진정한 의미에서 첫 단추를 끼운 분으로 기억함이 마땅하다. 필자는 오늘 그분의 영결식을 맞아 그분이 구상하고, 추진하려고 한 사법개혁조치에 대하여 회상하고, 그 의미를 되새겨본다.

민사사법제도 개선 논의의 전제

사실심 재판의 충실화를 강조하면 할수록 사실심의 부담은 가중된다. 시간과 부담이 덜하고도 재판을 충실히 할 수 있는 이상적인 재판은 법정 현실에선 찾기 어렵다. 말로 하는 재판이 강조됨에 따라 서면에 의존한 재판에 따른 심리 시간의 단축은 기대하기 어렵게 되었다. 사실심 충실화는 기본적으로는 당사자의 절차권 보장을 위하여 당사자 진술권의 충분한 확보 없이는 실현될 수 없기 때문이다.

두어 달 전(2015년 6월 15일) 서울중앙지방법원의 법정문화 개선포럼에서 '법정에서의 대화, 토론 및 설득의 필요성과 방법'의 주제로 발표를 하였다. 바람직한 재판 모델을 제시하는 의미에서는 나름대로 보람을 느꼈으나, 한편으로는 실무에서 이러한 새로운 모델이 어느 정도 실현될 수 있을 것인지에 생각이 미치면 마음이 개운하지 않았다. 실무에서 제대로 된 '말로 하는 재판', 즉 형식적으로 말을 할 기회를 주는데 그치지 않고, 실질적으로 대화를 통하여 '열린 마음의 재판'을 하는 것이 얼마나 어려운 것인지 잘 알기 때문이다.

법정을 forum(토론이 이루어지는 공간)이라고도 하는 의미에 부합하는 재판이 사실심 충실화의 모습이다. 열린 재판은 판사와 당사자의 쌍방향성(雙方向性)으로 이루어진다. 자연 듣는 시간이 많아지고 말하는 시간이 많아진다. 물론 모든 사건을 하나의 재판운영의 방식으로 일률적으로 하는 것은 아니지만, 기본적으로는 어떤 track의 재판이든 시간이 많이 걸린다.

사법자원이 제한된 상황에서 충실한 재판은 필연적으로 사건의 적체(積滯)를 초래한다. 사건의 적체는 지연된 재판을 야기한다. '지연된 재판은 정의가 아니다'(justice delayed is justice denied)라고 할 만큼 사법정의에 반한다. 이런 문제를 해결하는 제도적 장치 없이는 사실심 충실화는 그 실현을 기대하기 어렵다.

사법운영의 천재가 나타나서 신통방통한 formula를 고안(考案)하지 않고서야 이런 단순 방정식에 따른 예측을 피하기 어렵다. 그런데도 대법원이 구상하고, 기획하는 사실심 충실화 방안 내지 논의에서는 이러한 전제 조건에 해당하는 제도적 장치에 대해서는 뚜렷한 말이 없다.

연초 발족한 '대법원 사실심 충실화 사법제도개선위원회'(2015년 3월 10일 제1차 회의로 시작하여 2015년 7월 9일 제7차 회의로 활동 종료)의 각 회의 때마다 내놓았던 사실심 충실화 방안은 하나같이 '국민을 위한' 제도로서 그 도입 필요성을 설명한다. 그런데 새로운 제도 도입에 따른 사법자원의 확보 방안은 이와 더불어 제시하지 않고 있다.

사실심 충실화는 종국적으로는 판사의 증원이 불가피하고, 판사의 증원(增員) 없이는 그 실현이 불가능한 것임에도 이에 대해서는 아무런 언급이 없다. 그런데 판사 증원이 그렇게도 어려운 문제인지, 판사 증원이 어렵다면 그런 방안들을 지금 단계에서 구태여 제시할 필요가 있는지 의문이 들지 않을 수 없다.

이런 상황에서 사실심 충실화를 실현하기 위하여 이미 민사소송규칙을 개정하여 시행(2015. 6. 29. 개정, 2015. 7. 1. 시행)하고 있는 것도 있다. 위 개정에 따라 원칙적으로, 당사자 본인이 변론이 종결되기 전 재판장의 허가를 받아 최종의견을 진술할 수 있으며, 당사자신문신청시 신문사항의 사전제출의무를 폐지하였다. 위 두 가지 반영만으로 재판의 심리시간은 늘어날 수밖에 없게 된다.

겉으로 보기엔 모두 재판의 충실화 방안으로 손색이 없을 것 같지만, 이에 따른 전체 사법에너지의 효율적 관리에 문제가 발생할 수 있는 제도라면 궁극적으로는 국민을 위한 재판이라고 보기 힘들다.

요즘 들어 예전과 달리 부쩍 국민을 위한 사법제도의 개선이라는 명분으로 이것저것 손을 많이 댄다. 그러나 새로운 제도가 초래할 사법자원의 불균형적 배분으로 인해, 전체 재판시스템에 부정적 영향을 주지 않을까 우려된다. 사실심 충실화 방안은 사법자원의 파이(pie)를 키우지 않고서는, 이에 비례하여 사실심 판사의 업무 부담으로 작용하여 실질적으로는 충실화에 어긋나는 결과를 야기할 수 있다.

사법정책을 입안함에 있어서는 새로운 제도가 궁극적으로 국민을 위한 것인지('법사회학적'으로도, 그리고 '법경제학적'으로도) 동원할 수 있는 모든 것을 동원해서라도 거듭 묻고, 또 물어서 결정해야 한다. 사법제도의 설정과 운영에 있어서 시행착오는 결코 바람직하지 않으며, 용납될 수 없기 때문이다.

민사사법제도 개선 논의의 신중성

대법원은 사실심 충실화 마스터플랜의 정책목표를 달성하기 위하여 '사실심 충실화 사법제도개선위원회'를 발족하여 다각도로 다양한 방안을 모색하고 있다. 종전에도 이러한 성격의 위원회들을 구성하여 꾸준한 연구작업을 하여온 것으로 알고 있다.

그러나 예전과 달리 요즘의 사법제도 개선 논의는 너무 서두르고, 그리고 망라식(網羅式)으로 진행되고 있다는 느낌을 지울 수 없다. 그리고 이를 보도하는 내용을 보면 마치 논의되고 있는 내용들이 모두 반영되어 사법제도 개선이 조만간 실현될 것 같은 인상을 주고 있다. 아예 그 다음 회의에서 무엇을 논의하는지, 그리고 이를 채택하는 건의문이 결의될 것까지 미리 예정되어 있다.

사법제도개선위원회의 논의라고 하지만 실제는 대법원의 마스터플랜을 확인 내지 추인(追認)하는 절차로 착각이 들 정도이다. 막연한 인상이기를 바라는 바이지만, 최근 들어 소송제도 내지 소송절차에 관한 법규정 등의 개정 속도가 엄청 빨라지고 있다. 문제점이 있다고 보이면 서둘러 손을 대려고 한다.

문제점이 법규의 미비로 비롯된 것인지, 제도의 운영에서 비롯된 것인지도 별로 심각하게 따지지 않는다. 그리고 그러한 문제점이 어느 정도 심각한 것인지 실증적으로, 통계적으로 차분하게 검토하지도 아니한다. 문제점이 있다는 생각이 들면 고쳐야 한다는 강박관념에 사로잡힌다.

대법원이 보도자료에서 논의하고 있다고 한 내용의 상당 부분은 사견(私見)에 의하면 제도 자체의 문제라기보다는 제도 운영상 문제이다. 사법제도에 관한 관념 내지 인식에 있어서 외국에 있는 제도가 우리나라에 없으면 마치 제도의 미비, 제도의 후진성(後進性)으로 이해하는 경향이 있다. 비교법 연구에 있어서 한국 사법제도의 실정을 제대로 이해하는 전제에서 외국의 사법제도를 연구하기보다는 외국의 사법제도 자체의 소개에 급급한 모습을 보이기도 한다.

이러한 외국 사법제도의 설익은 연구는 진정한 비교법적 연구의 자세라고 보기 어렵다. 그럼에도 불구하고 특히 독일이나 일본, 그리고 미국에 있는 제도라면 그 도입의 유혹을 뿌리치기 힘들어 한다. 앞서의 사법제도개선위원회는 2015년 7월까지 한국형 디스커버리(discovery) 제도의 도입을 심의·의결하여 확정한다고 한다. 과연 한국형 디스커버리 제도라고 명명(命名)하는 증거개시(證據開示)제도를 어떻게 입법하여 어떻게 시행할 것인지 이에 관한 전공자인 필자로서는 의아할 따름이다.

민사사법제도에 관하여 좋은 제도를 도입하고서도 제대로 이용되지 않는 경우가 드물지 않으며, 좋은 제도를 도입한 후에도 얼마 안 가서 이를 개정하는 것도 흔한 일이다. 의욕이 앞서 균형과 절제를 잃어서는 아니 된다. 무엇이 진정으로 국민의 사법에 대한 염원(念願)을 실현하는 것인지 근본적으로 진지하게 생각해 볼 필요가 있다.

민사사법개혁을 위한 새로운 제도 설정의 한계

절차법 규정 가운데 실제 제대로 활용되지 않고 있는 규정들이 의외로 많다. 소송절차상 요긴한 규정들이지만 법원에서 이런저런 사정으로 그 적용을 꺼려하는 경우가 많기 때문이다. 실무례가 마치 관행처럼 굳어지면 여간해서 이를 깨기가 힘들다.

규정 자체에 문제가 있다면 개정을 통하여 보다 활용 가능한 규정으로 만들면 될 일이다. 그런데 규정 자체에 전혀 문제없는 경우라면 이야기가 달라진다. 여하튼 이러한 규정들은 부르기 쉬운 말로 사문화(死文化)되었다거나, 형해화(形骸化)되었다고 한다.

우선 떠올릴 수 있는 이러한 규정들로는, 변론준비기일의 효과로서 실권효(失權效) 규정, 실기(失機)한 공격방어방법의 각하 규정, 현저한 손해나 지연을 피하기 위한 소송이송 규정, 중간판결 규정 등을 들 수 있다.

사실심 충실화는 실권효(失權效)의 적용이나 실기한 공격방어방법 각하의 활용 없이는 가능한 일이 아니다. 뿐만 아니라 복잡한 소송에서 변론을 제한하여 재판을 하는 경우 그 심리의 결과를 중간판결로 짚고 넘어가는 것은 집중심리를 위하여 필요한 조치임은 이론의 여지가 없다.

관할의 효율적이고 탄력적인 운용을 위하여 필요한 경우 편의이송(便宜移送, forum non convenience)을 하는 것은 관할의 적정한 배분의 측면에서도 매우 바람직하다. 그럼에도 불구하고 실무에서는 이러한 조치들을 취하는 데 난색(難色)을 표하거나 심정적으로 썩 내켜 하지 않는다. 앞서 든 규정들은 사실상 활용되지 아니한 규정들 가운데 일부에 지나지 않는다.

소액사건의 경우에도 야간·공휴일 개정 규정, 무변론 원고청구기각 규정 등 절차상 거의 이용되지 아니하는 규정들을 어렵잖게 들추어 낼 수 있다. 제도 자체가 제대로 활용되지 아니하는 경우에는 제도의 겉모양만 지켜지고, 그 실질에 맞게 이용되지 아니하는 경우도 물론 포함한다. 변론의 상정(上程), 변론의 갱신(更新) 등은 직접심리나 구술심리의 주된 제도라고 할 수 있음에도 형식상 조치로 이를 정리하는 정도로 끝낸다.

국민을 위하여 마련된 기존 제도도 제대로 활용하지 않으면서, 새로운 제도라면 도입 필요성 및 이용 가능성 등에 대한 실증적 연구가 제대로 이루어지지 아니한 상태에서도 서둘러 도입하려고 한다. 좋은 제도이나 제대로 이용하지 않고 있는 제도를 새롭게 조명하여 그 적용을 적극적으로 시도하여야 한다.

물론 이를 위해서는 사법제도에 관한 진지한 성찰과 진취적 태도가 필요하다. 새해부터라도 있는 제도를 제대로 활용하길 바란다. 법원이 말이 아닌 실천으로 그러한 모습을 보여주었으면 한다.

있는 제도를 적극적으로 활용하여, 문제점이 있으면 개선해 나가는 성의와 노력의 과정도 사법개혁에 있어서 중요한 비중을 차지함을 두텁게 인식하였으면 한다.

민사사법제도 개선을 위한 입법과정 유감

민사소송제도와 관련된 법률들의 개정이 예전과 다르게 부쩍 많아지고 있다. 개정 사항에 관하여 많은 논의를 거쳐 입법화되는 경우도 있으나, 별다른 논의 없이, 그리고 제대로 의견 수렴을 거치지 않은 채 입법화되는 경우도 적지 않다.

2016년 3월 2일에도 민사소송법 일부개정 법률안 및 법원조직법 일부개정 법률안이 국회에서 가결되었다. 민사소송법 개정안 가운데 사안의 성질상 손해액의 증명이 곤란한 경우 법원이 모든 사정을 종합하여 상당하다고 인정하는 금액을 손해액으로 정할 수 있도록 하는 내용(민사소송법 제202조의2)은 이미 판례로써 확립된 내용이다.

그러나 증인이나 감정인을 영상 등으로 신문하는 방식의 도입이나, 감정절차의 개선 등에 관해서는 대법원의 사실심 충실화 사법제도개선위원회가 2015년 3월 23일 의결한 내용을 그대로 반영한 것이다. 법원조직법 개정안은 소액사건의 이행권고결정 절차 등에서 사법보좌관에게 법원의 업무를 맡길 수 있도록 하는 내용으로 역시 같은 위원회에서 2015년 5월 26일 의결한 내용이다.

사실심 충실화 사법제도개선위원회는 회의 때 주제로 정한 내용을 준비된 자료에 의하여 논의를 하고, 다음 개최되는 회의에서 이를 의결하는 형식으로 건의문을 확정한다. 그런데 이 위원회의 구성원 가운데 민사절차법을 전공한 학계 위원은 단 한 명에 불과하다. 따라서 충분한 논의를 기대하는 것이 애당초 현실적으로 불가능하다. 이러한 건의문이 의결되고, 서너 달이 지나면 관련 법률의 개정안이 발의된다.

정부 발의도 아닌, 국회의원 10명 정도 선에서 발의된다. 정치적 의미가 있다든지, 정책적 고려에 따른 이해관계가 있지 아니하는 한, 즉 정책법안이 아닌 한 개정 내용 자체에 대하여 신중한 검토를 기대하기 어려울 정도로 빠른 속도로 입법화된다.

일단 국회에서 개정안으로 발의되어 법제사법위원회에 상정(上程)되는 경우 별다른 이의 없이, 최소한 대안제출(代案提出) 형식으로라도 법제사법위원회를 통과하여 본회의에 상정된다. 본회의에서는 반대의견을 찾아보기 어려울 정도의 찬성의견으로 통과된다. 앞서의 두 법률안은 테러방지법안에 섞여 무더기로 처리된 법안들이다(2016년 3월 2일 본회의에서는 17건의 법률안이, 3월 3일 본회의에서는 60건의 법률안이 가결되었다).

이러한 입법 절차에 의하여 입법화되는 현실에서 우리의 사법제도가 운용된다. 입법을 추진하는 측에서 이러한 절차에 만족하고 있는지 의문이다. 사법제도의 개선이라는 명분에 의하여 입법이 추진되고, 국민은 개선되었다는 사법제도에서 사법정의(司法正義)를 기대하면서 살고 있다.

입법을 추진하는 측에서 서두르는 입법의 부정적 측면을 깊이 인식하였으면 한다. 요즘 법률의 개정 과정을 불안한 마음으로 지켜보고 있다.

민사사법제도 개선을 위한 법률의 제·개정과 입법의 세심함

얼마 전(2015년 9월 5일) 열린 한일민사집행법 심포지엄에서 한국 측 발표자에 대한 일본 측 참가자의 질문 가운데 국제아동인도의 강제집행에 관한 질문이 있었다. 발표자가 이에 대해 간단히 답변을 하였으나, 추가적인 질문은 없었다. 그러나 필자로서는 헤이그 국제아동탈취협약의 이행 법률에 대해서 평소 아쉬운 점이 많아 별도의 구체적인 질문을 할까 살짝 긴장하였다.

한국과 일본의 경우 헤이그 국제아동탈취협약의 가입 및 이행법률의 제정이 대충 비슷한 시기에 이루어졌으나(일본의 경우 2013년 5월 가입, 2014년 4월 법률 시행), 한국이 위 협약에 먼저 가입하고(2012년 12월 가입), 이행법률을 먼저 제정하였다(2012년 12월 11일 제정, 2013년 3월 1일 시행). 두 나라가 같은 대륙법 체계로서 상당히 유사한 법률 내용을 가지고 있는데도 위 이행법률에 있어서는 두드러지게 다른 모습을 보이고 있다.

조문 수에 있어서도 일본의 실시법률은 6장 153개의 방대한 조문을 가지고 있음에 반하여, 우리나라의 이행법률은 4장 17개 조문을 가지고 있는 데 불과하다. 특히 국제아동인도의 강제집행에 대해서 우리나라는 별도로 하나의 조문도 두고 있지 않다. 대법원규칙이나 법무부시행규칙도 마찬가지이다(다만 대법원규칙에 아동반환청구의 심판시 가집행명령을 붙이지 아니할 수 있다는 규정을 두고 있을 따름이다).

물론 유아인도를 명하는 재판의 집행절차는 집행관이 유체동산인도청구권의 집행절차에 준하여 할 수 있다는 재판예규(제917-2호)를 두고 있으나, 그나마 의사능력이 있는 아동의 경우에는 위 예규가 적용되지 않는다(헤이그협약상 아동이란 16세 미만을 말한다).

결국 우리나라의 경우 이행명령의 불이행시 과태료나 감치의 제재 외에 강제집행의 방법에 있어서는 해석에 의존할 수밖에 없다. 이에 반하여 일본의 경우는 아동의 이익과 복지를 고려하여 강제집행의 단계에서도 당사자의 자발적 이행을 독려하는 매우 상세한 규정을 두고 있다. 강제집행의 대상이 집행지의 아동이라는 점에서 온갖 정성을 다해 세심하게 입법한 흔적이 역력하다.

한국과 일본의 법 제정의 태도를 일률적으로 비교하여 평가하는 것은 신중을 요하나, 한국의 법 제정이 상대적으로 수월하게 이루어지고 있다는 생각을 떨쳐버리기 어렵다. 국제아동인도에 관한 법률의 제정에 있어서 강제집행에 관한 하나의 조문도 두고 있지 아니한 우리나라의 법 제정 실태가 시사하는 의미는 두고두고 깊이 새겨야 할 교훈을 준다.

민사사법자원의 효율적 배분

원래 판사의 고유한 업무이었으나, 법원 직원(사법보좌관, 법원사무관 등)으로 하여금 일정 부분 그 업무를 담당하게 하는 경우가 조금씩 늘어가고 있다. 민사집행이나 담보권실행 절차에 있어서 유체동산의 경우를 제외한 거의 대부분이 사법보좌관의 업무가 된 지 2015년 11월 기준으로 벌써 10년을 넘어서고 있다.

사법보좌관제도는 법원조직법에 그 근거규정을 둔 채, 구체적 내용은 대법원규칙으로 정하고 있다. 당시 집행절차 등에서 판사의 업무로 할 것인지, 사법보좌관의 업무로 할 것인지를 '실질적 쟁송성(實質的 爭訟性)'을 기준으로 하여 정한다고 하였으나, 제대로 관철되지 않았다.

경매개시결정이나 매각허가결정은 사법보좌관의 업무이나, 인도명령 등은 판사의 업무이다. 강제경매는 사법보좌관의 업무이나 강제관리는 판사의 업무이다. 채권집행은 사법보좌관의 업무이지만, 채권보전처분은 판사의 업무이다. 민사집행법을 전공하지 아니한 법조인은 사법보좌관의 업무 소관을 명확히 아는 것이 쉽지 않을 정도이다.

사법보좌관은 소송절차에도 관여하여 집행권원을 만드는 업무까지 담당하고 있다. 사법보좌관은 소송비용액확정절차를 담당하고, 소액사건에 있어서 이행권고결정절차도 담당한다. 그뿐만 아니라 독촉절차에 있어서 지급명령을 하고, 지급명령에 대한 이의신청시 이의신청이 부적법한 경우 이의신청각하결정을 하며, 이의신청이 적법한 경우 인지보정명령을 명하고, 인지보정을 하지 아니하는 경우 이의신청서 각하결정까지 하는 업무를 담당한다. 이들 업무가 실질적 쟁송성이 있는 업무로서 전형적인 판사의 고유 업무임에도, 사법보좌관의 업무로 하고 있다.

사법보좌관제도상 문제가 생길 때마다 사법보좌관규칙을 수시로 개정하는 방법으로(2005년 제정 후 2015년 11월 기준으로 9차례 개정하였다. 대충 1년에 한 번 꼴이다) 땜질식으로 제도를 운영하고 있다. 법원사무관 등에 대해서도 최근 민사소송법을 개정(2014. 12. 30. 개정, 2015. 2. 1. 시행)하여 재판장만이 할 수 있었던 소장심사권에 기한 보정명령을 법원사무관 등도 할 수 있도록 하였다. 민사소송법의 개정과 더불어 법원사무관 등의 인지보정명령에 관해서는 별도로 민사소송 등 인지규칙을 개정(2015. 6. 29. 개정, 2015. 7. 6. 시행)하여 이를 반영하고 있다. 뿐만 아니라 같은 개정 법률에서는 재판장만이 할 수 있었던 공시송달명령을 법원사무관 등도 공시송달처분이라는 명목으로 할 수 있도록 하였다.

종래 판사가 하던 업무를 사법보좌관 내지 법원사무관 등 법원 직원에게 넘겨주는 것은 판사의 업무 부담을 덜어주고자 함이 가장 주된 목적이다. 대법원은 판사 내지 재판장의 제한된 업무 역량을 실체 판단에 관한 심리에 집중할 수 있는 여건을 조성하려는 데 있다고 한다.

물론 이러한 조치가 사법인력을 효율적으로 배분하여 관리하는 데 기여하는 것은 두말할 나위가 없다. 선진 각국의 입법례를 보더라도, 헌법 내지 법률에 근거하여 매우 제한된 범위 내에서 재판 사무 가운데 기계적·형식적인 업무나 부수적·보조적 업무를 법원 직원(court clerk, court officer)으로 하여금 담당하도록 하고 있다.

필자는 사법보좌관제도가 제대로 정착되고, 법원사무관 등의 업무역량의 제고(提高)로 재판 체제가 강화되기를 바란다. 그러나 우려되는 것은, 대법원이 판사와 사법보조인력 간 협업체제 강화를 통한 재판 업무의 선택과 집중이라는 명분을 내세워 종래 전통적으로 판사가 하던 업무를 실질적 쟁송성이 없는 경우에 해당한다든지, 실체 판단에 관한 재판 업무에 속하지 않는 경우에 해당한다고 하여 법원 직원의 업무로 알게 모르게 조금씩 이양(移讓)해갈 위험성이다.

판사가 할 일이 명백한데도 판사를 늘리지 않고 다른 명분을 내세워 법원 직원에게 넘기는 일은 극히 자제하여야 한다. 사법제도는 헌법적 관점에서, 그리고 장기적 관점에서 접근하여 진정으로 국민을 위하는 제도인지 신중에 신중을 거듭하여야 한다.

사법제도 개선을 위한 비교법적 검토의 전제

광복절에 우리 법의 현실을 생각한다. 올해는 광복을 맞은 지 70년이 된다. 그러나 1948년 헌법이 제정되어 시행되었으며, 1960년에 이르기까지 의용민법(依用民法)(일제강점기에는 조선민사령에 의하여, 광복 후에는 군정법령에 의하여, 정부수립 후에는 제헌헌법에 의하여 의용되었던 일본민법) 등이 시행되었다.

우리 법이 진정한 독립의 모습을 갖추기 위해 험난한 길을 걸어왔으며, 아직 그 길에 있다. 우리 법은 대륙법의 법체계를 계수하여 같은 법체계를 가진 일본 등의 영향을 받지 않을 수 없었다. 법령의 내용에 있어 유사한 점이 많아 일본 등의 판례나 이론 등이 상당 부분 여과 없이 그대로 유입되기도 하였다. 아직까지 일본의 판례 및 이론의 입장과 거의 동일한 판례 및 이론이 생산되고 있다.

법률 규정이 동일하거나 유사하다면 동일한 논점 내지 쟁점에 대한 법적 논리나 결론이 나라마다 달라야 하는 것은 아니므로 불가피한 경우일 수 있다. 그러나 우리의 법풍토와 법감정 등 법현실 등에 대한 치밀한 연구 없이 대륙법 체계에서의 논의를 그대로 도입하는 것은 분명히 문제가 있다. 학계에서는 일본과 독일 등의 학설을 독자적 견해인 것처럼 각색되고 포장되기도 한다.

철저한 비교법적 연구는 우리 법의 문제점에 대한 치열한 고뇌와 성찰을 전제로 한다. 그러나 우리 법을 다루는 논문에서조차 외국법에 관한 판례 및 문헌의 풍부한 인용이 논문의 품격을 높이는 것처럼 잘못된 인식이 팽배해 있다.

논점을 해결하기 위하여 이를 다루는 일본 등 자료가 있는지를 리서치(research)하기에 급급하며, 우리의 법현실에서 정의와 형평에 부합하는 타당한 결론이 무엇인지 간절하게 탐구하려고 하지 않는다. 그러니 세계의 무대에서 우리 법의 독립성이나 독자성은 상대적으로 주목을 받지 못하고 있다. 이제 우리 법의 적용 및 연구에 있어서 진정한 광복의 의미를 되새겨 볼 때가 아닌가 생각한다.

사법제도 개선을 위한 비교법적 연구 수준의 제고

2015년 노벨의학상을 중국 교수(Youyou Tu)가 수상하였다. 이에 대하여, '중국도' 노벨상을 받는데, 우리나라가 아직 못 받고 있다는 사실이 납득할 수 없다는 반응도 있다. 이러한 반응이 중국에 대한 정확한 이해에 근거한 것인지는 알 도리가 없으나, 마치 우리나라가 중국보다 과학 등 수준에서는 앞서는데도 중국은 노벨상을 받는데 우리나라는 못 받고 있다는 듯이 들리기도 한다.

법학에 있어서도 중국의 수준을 낮게 평가하는 사람들이 의외로 적지 않다. 법률 분야 가운데, 특히 필자가 전공하는 민사절차법 분야에서도 중국법이 한국법의 수준에 못미치는 것으로 이해하는 분들이 생각보다 많다. 중국법에 대한 전문적 지식과 판단에 근거한 것이 아닌 한, 막연한 정서 내지 편견이라고 볼 수 있다.

그러나 실상을 들여다보면, 법 분야 가운데 민사절차법 분야에 있어서 우리나라의 수준은 그야말로 미래를 장담할 수 없을 정도로 암울한 실정이다. 민사절차법에 관한 한 법실무와 법이론의 혼재(混在) 속에 법이론에서나, 법실무에서나 뚜렷이 내세울 것 없이 지지부진(遲遲不進)하다.

무엇보다 민사절차법 분야의 체계적 발전을 기대하기에는 내세울 만한 기초자원(resources)이 없다. 민사절차법을 민사재판실무와 혼동하여, 실무가는 민사절차법은 재판 실무를 통하여 경험으로도 익혀갈 수 있다는 이유로, 이론가는 다른 법 분야와 달리 민사절차법은 실무를 제대로 알지 못하면 이론적 연구가 어렵다는 이유로, 이리저리 밀리는 답보(踏步) 상태에서 벗어나지 못하는 법 분야가 되었다.

우리나라 주요 로스쿨에서조차 민사절차법 전공교수는 세 분 남짓에 지나지 않으며, 특히 민사사법제도 연구에 관심을 가지고 있는 분은 그보다 적은 수이다. 민사절차법을 전공하려는 사람은 눈을 씻고 찾아보기 힘들다. 필자의 로스쿨의 경우 현재 민사절차법 전공자로서 석·박사 과정에 있는 사람은 단 한 사람도 없다.

그러나 중국 주요 로스쿨의 경우 민사사법제도에 관심을 가지고 연구하는 교수는 어림잡아도 우리의 경우보다 그 수를 훨씬 넘어선다. 민사소송법 분야 외에도 법리학(법철학) 분야에서도 사법제도를 다루고 있는 것도 한 요인이다. 석·박사과정에서의 전공자도 각 전공 교수별로 다수 포진하고 있다.

우리나라의 경우 민사사법제도에 정통한 연구자는 손가락으로 헤아릴 정도이다. 그나마 이 분야의 비교법에 관심을 가진 분들도 거의 독일, 미국, 일본에 편향되어 있다. 유럽법에 대한 비교법 연구 상황을 보더라도 민사사법제도에 관한 한 프랑스법은 거의 제외되어 있다시피 하다. 다른 유럽 나라들은 더 말할 나위도 없다.

그러니 우리나라가 처한 실정과 비슷한 상황에서 사법개혁을 시도하고 있는 예컨대 이탈리아법, 브라질법, 헝가리법 등은 스쳐지나가는 생각조차 못하고 있다. 세계절차법학회(IAPL)에 보고되는 연구 자료를 보면 우리의 사법제도에 관한 비교법적 연구수준에 대하여 당혹감을 넘어 참담함을 느낀다.

단순히 중국만 두고 비교하더라도 이러한 연구 환경 내지 여건의 차이는 실제 민사사법제도의 수립 및 운영에 있어서 그대로 드러난다. 예컨대 소비자단체소송이나 개인정보단체소송 외에 공익소송(public interest litigation)에 관한 별다른 절차 규정이 없는 우리나라의 경우와 달리, 중국은 2012년 민사소송법 개정 당시 공익소송에 관한 규정을 두었으며, 특히 2014년에는 환경오염행위나 생태파괴행위에 대한 공익소송을 위하여 환경보호법을 제정하여 원고적격 및 관할 등의 문제를 입법적으로 해결하였다. 이를 구체화하기 위해 감정, 원상회복, 소송비용 등에 관한 구체적 절차에 관해서는 최고인민법원의 사법해석을 마련해 두고 있다. 한편 2012년 개정 민사소송법에는 프랑스법을 참고하여 제3차취소소송제도까지 도입까지 하고 있다(제3자취소소송은 확정판결에 대하여 당사자 아닌 제3자가 자신의 권익침해 등을 이유로 취소판결을 구하는 소송이다).

중국의 경우 비교법적 연구의 성과를 찾아 세계 각 나라, 예컨대 에디오피아법까지 연구하여 좋은 제도는 과감히 도입하고 있다(중국 불법행위법상 제조물책임에 관한 3배수 징벌적 손해배상(triple punitive damages) 제도는 에디오피아법을 참고하여 도입하였다는 말을 직접 중국 교수에게 들은 바 있다).

필자가 전공하는 법 분야에 국한된 평가이지만, 우리의 법 수준은 세계적 수준과는 거리가 멀다. 겨우 한·중·일 학술교류가 그나마 가동하고 있는 데 안도하면서, 이에 안주(安住)하고 있는 실정이다.

주제넘은 말이 될지 모르지만, 우리나라의 문제점은 경제 성장에 취하여 경제 성장에 걸맞는 경제 외적 성장에 대한 균형 잡힌 투자가 없다는 점이다. 설령 그러한 투자가 있다고 하더라도 외형적인 실적 위주로 이루어져, 진정으로 내실 있는 실질적 투자에는 별다른 신경을 쓰지 않는다.

법학 분야, 특히 민사절차법 분야는 더욱 그러하다. 왜 이런 지경에 처하게 되었는가? 한 마디로 문제 상황을 파악하지 못한 탓이다. 문제의식이 있다고 하더라도, 문제의 심각성을 파악하지 못한 탓이다. 문제의 심각성을 안다고 하더라도, 치유할 생각을 하지 않는 탓이다. 치유할 생각을 하더라도, 치유할 의지가 없는 탓이다. 치유할 의지가 있다고 하더라도, 치유의 방법을 모르는 탓이다.

다시 문제의 근원으로 돌아오면, 이런 문제 상황을 모르면서도 "전혀 부끄러워도 하지 않는다"는 것이다. 이 모든 것이 누구의 탓인가? '우리의' 탓이다. 특히 그 우리 중에서도 만시지탄(晩時之歎)을 하여야 하는 '내' 탓이다.

III

민사사법제도와 제도 개선의 방향

법률구조제도

법무부의 법률홈닥터제도가 성과를 내고 있다고 한다. 법률홈닥터제도는 변호사가 없는 무변촌(無辯村)에 변호사 자격자가 무료로 법률상담 등 법률서비스를 하는 제도이다(2015년 현재 전국 40여 개 기관에 법률홈닥터를 배치하고 있다).

법무부가 법률홈닥터제도와 더불어 지방변호사회와 연계한 마을변호사제도를 실시하여, 가능한 한 법률서비스의 사각지대(死角地帶)인 사법과소지역(司法寡少地域)을 해소하려는 노력이 돋보인다(2015년 현재 마을변호사가 1,500곳 가까이 배정되고 있다). 사법접근성과 사법이용가능성은 국민 모두에게 골고루 그 혜택(equal access to justice)이 돌아가야 한다.

그러나 법률홈닥터제도나 마을변호사제도는 소송 외적 법률구조(legal assistance aid)제도로서, 이러한 제도가 기존의 소송 내·외적인 법률구조제도와 연계될 때 비로소 보다 체계적인 법률구조의 한 형태로 자리매김할 수 있지 않을까 생각된다.

우리나라 법률구조제도는 운영체계 및 예산상 사정 등으로 선진화된 효율적인 체제로서 정비되어 있다고 볼 수 없다.

법률구조법에 따라 설립된 대한법률구조공단도 기관의 독립성과 예산상 문제 등으로 다각도의 실질적 소송구조를 하는 데에는 한계가 있다(법무부의 2014년 세출예산현액이 3조 1,250억 원 가까이 되나, 법률구조 지출액은 370억 원 정도로 그 1/100에도 못 미친다). 한편 대한법률구조공단은 미국의 법률구조공사(Legal Service Corporation)와 같이 (직접 소송수행을 하지 아니하는) 기금으로 운영하는 형태가 아니라, 원칙적으로 대한법률구조공단 소속 변호사(부분적으로 공익법무관)가 직접 소송수행을 하는 법률구조형태를 취하고 있어 이에 따른 제약이 많다.

민사소송법상 법원의 소송구조(litigation aid)는 그 대상자 범위를 확대하여 실시되고 있기는 하나(예규를 통하여), 여전히 예산상 문제로 실질적으로 제대로 된 소송구조가 실시되고 있다고 보기에는 한계가 있다. 법원의 소송구조의 예산에 대해서는 정확한 수치를 알 수 없으나, 10억 원에도 못 미치는 것으로 알려져 있다.

법원의 2014년 소송구조 건수가 6,143건(신청건수 9,208건)이나 그 구체적 내용에 관한 분석적 자료가 없어, 변호사비용 납입유예가 인정된 건수가 몇 건인지, 그 비용 총액이 얼마인지도 정확히 파악되지 않는다(변호사비용의 납입유예의 경우 변호사비용은 원칙적으로 심급별로 100만 원으로 제한하고 있다. 경우에 따라 50% 범의 내에서 증액이 가능하다).

대한변호사협회의 법률구조재단 및 각 지방변호사회도 일정 부분 법률구조활동을 하고 있으나, 아직 체계적인 활동을 하고 있다고 평가하기에는 이르다. 한편 각 로스쿨의 리걸 클리닉(legal clinic)에서 실시하는 지역 주민을 위한 무료법률상담도 있다.

이런 문제점의 근본 원인은 법률구조에 대한 인식의 부족으로 법률구조의 필요성에 따른 충분한 예산 확보가 이루어지지 않고 있으며, 통일적인 총괄 기구 없이 각 기관별로 분산되어 법률구조활동을 하고 있다는 점이다.

이러한 문제점이 해소되지 않는 한, 진정으로 법률구조가 필요한 국민이 어떠한 방법으로 법률구조를 받을 수 있는지 혼란이 야기될 수

있으며, 해당 기관에 법률구조를 신청하더라도 체계적인 법률구조가 이루어지기 어렵다

법률구조제도가 실효성을 거두기 위해서는 법률구조에 관여하는 각 기관이 조속히 이를 연계할 수 있는 방안을 모색하여, 체계적으로 운영하여야 한다. 일본의 경우 종합법률지원법에 근거하여 일본 정부가 전액 출자한 독립행정법인인 사법지원센터(2006년부터 시행)에 의하여 신속하고, 적절한 법률지원이 이루어지고 있음을 참고할 필요하고 있다.

지금처럼 분산된 법률구조제도로서는 결코 소기의 목적을 달성할 수 없다. 국민을 위한 제도는 국민에게 실질적 혜택을 주는 제도로 존재하여야 한다. 그 실질성에는 효율성과 만족도의 제고(提高)가 당연히 포함한다.

배상명령제도

바람직한 사법제도를 설정하더라도 실제 입법목적에 따라 효율적으로 시행되지 아니하는 경우가 적지 않다. 그 한 예로서, 소송촉진 등에 관한 특례법상 배상명령제도를 들 수 있다. 배상신청이 최근 들어 증가되는 추세에 있기는 하나, 그 이용률은 여전히 저조하다. 배상명령이 인용된 액수가 2014년 1,470억 원에 이르나, 배상명령의 신청건수(6,054건)는 약 50만 건의 해당 범죄건수와 비교하면 1% 남짓하다.

한편 배상신청을 하더라도 배상명령의 요건 가운데 배상책임의 유무 또는 그 범위가 명백하지 아니한 경우 등에 해당한다는 이유로 배상신청이 각하되는 경우가 대부분이다(배상신청의 인용률은 약 30% 정도에 불과하다). 배상명령제도의 개선에 대하여 입법론적 논의가 행해지고 있으나, 현행 제도에서도 법원의 의지 여하에 따라 얼마든지 개선될 여지가 있다.

직권으로도 배상명령을 할 수 있도록 법률에 규정하고 있음에도 불구하고 법원은 이를 적극적으로 활용하지 않고 있다. 직권에 의하여 배상명령을 한 경우는 1981년 배상명령제도가 시행된 후 33년 동안 150건에 불과하며, 그나마 2007년 이후 최소한 2013년까지는 한 건도 없다(법무연수원, 2014년 범죄백서, 참고로 사법연감에는 배상명령 가운데 직권에 의한 배상명령의 건수에 대한 통계가 나와 있지 않다).

그런데 대법원의 '배상신청에 관한 예규'(재판예규 제1470호)에는 배상명령제도가 활성화되도록 법관 및 직원들에게 그 중요성을 주지시킬 것을 당부까지 하고 있다(제2조). 뿐만 아니라 배상명령의 신청이 없는 경우에도 가능한 한 직권에 의한 배상명령제도를 활용하되, 특히 공소제기된 범죄의 피해품이 현금인 경우에는 배상명령을 할 수 없는 사유에 해당되지 않는 한 직권에 의하여 배상명령을 선고하도록 독려하고 있다(제6조).

그런데도 불구하고 직권에 의한 배상명령이 거의 행해지고 있지 아니한 것은 법원이 배상명령제도의 운용에 있어서 소극적임을 반증하는 것이 아닌가 생각한다. 물론 법원이 형사재판의 심리 부담의 증가를 이유로 직권에 의한 배상명령을 꺼려하는 것은 이해가 되지 않는 바는 아니다. 그렇다고 하여 직권으로 배상명령을 한다고 하더라도 달리 업무의 가중을 초래한다고 볼 수 없는 경우까지 직권에 의한 배상명령을 하지 않는 것은 납득하기 어렵다.

배상명령제도는 사법정책상 민사상 손해배상청구를 대체하여 법원의 재판업무를 효율적으로 분배하는 효과도 가져온다. 법원은 배상명령제도를 새롭게 조명하고, 이를 적극적으로 활용할 수 있도록 제도의 보완 및 운용에 있어서 보다 적극적 자세로 임하여야 한다.

소액심판제도 (1) – 소액사건은 과연 작은 사건인가? –

소액사건이라고 해서 적은 금액의 사건(small claims)이라 막연(漠然)하게 생각해서는 아니 된다. 우리나라의 소액사건은 그야말로 사건처리의 편의(便宜)에 의하여 소액사건으로 분류한 사건일 따름이다.

소액사건에 해당하는 경우 민사소송법에 의한 절차를 상당 부분 수정하여, 소액사건심판법에 따라 재판을 한다. 판결서에 판결이유의 기재도 생략할 수 있어 판사가 판결서를 쓰는 부담을 없앴으며, 상고이유도 대법원 판례 위반 등으로 제한하여 상고가 되는 경우가 매우 드물다.

그런 까닭에 간이한 절차에 의하여 사건 부담의 경감을 꾀하려는 대법원으로서는 소액사건의 범위를 조금씩 넓히려는 유혹을 쉽게 떨쳐버리지 못한다. 따라서 경제적 관념상 실질적으로 소액의 범위에 속하는지 여부에 대한 관심보다는, 시·군 법원이 처리할 수 있는 민사사건의 범위 및 단독사건 내 소액사건이 차지하는 범위 등을 조정하는 입장에서, 소액사건의 범위를 조금씩 넓혀 나갔다.

처음 소액사건심판법이 제정될 당시만 해도 소액사건의 범위는 법률에서 정하고 있었다. 소액사건의 범위의 변경에는 법률의 개정이 따라야 하므로, 대법원으로서는 여간 불편하게 생각하지 않을 수 없었다. 결국 소액사건심판법을 개정하여 소액사건의 범위를 대법원규칙(소액사건심판규칙)에서 정하도록 하였다. 소액사건심판법이 소액사건의 범위를 대법원 규칙에 맡김으로써 소액사건의 범위가 비정상적으로 확대되었다.

소액사건심판법이 제정된 당시인 1973년 2월 소액사건을 소송목적의 값이 20만 원을 초과하지 아니한 민사사건으로 규정하였다가, 1975년 12월 1차 개정시 30만 원을 초과하지 아니한 민사사건으로 규정하였다. 그 후 1980년 1월 2차 개정시 소액사건의 범위를 대법원규칙으로 정하도록 한 후, 대법원규칙으로 50만 원, 100만 원, 200만 원, 500만 원, 1,000만 원을 각 초과하지 아니한 금액으로 여러 차례 개정을 거치다가, 1997년 12월 31일부터 2,000만 원을 초과하지 않는 금액으로 규정하였다.

얼마나 급격한 변화인지 1997년 2,000만 원으로 올린 이후로는 더 이상 올린다면 차마 소액사건이라고 부르기에 부담스러운지 20년 가까이 그대로 두었다가, 그 역시 2017년 1월 1일부터 3,000만 원을 초과하지 않는 금액으로 다시 개정하였다.

우리나라의 소액의 기준을 외국의 경우와 비교하면, 미국의 15,000달러(약 1,683만 원)보다 1.78배, 영국의 5,000파운드(약 846만 원)보다 3.54배, 독일의 5,000유로(약 606만 원)보다 4.95배, 일본의 60만 엔(약 553만 원)보다 5.42배나 크다. 이들 나라는 모두 1인당 GDP가 우리나라보다 큰 경제선진국이다.

경제적 관념에서는 실질적으로 소액이라고 볼 수 없는 사건도 소액사건으로 대법원이 정하기만 하면 소액사건으로 취급이 가능하도록 한 소액사건심판법은 헌법적 차원에서 검토가 요구된다(이는 법원조직법상 단독사건과 합의부 사건의 사물관할의 기준을 대법원규칙에서 정할 수 있도록 하는 것과 차원을 달리한다).

우리나라의 소액은 일정 부분 경제적 관념에서는 소액이 아님을 유의하여야 한다. 금액이 상대적으로 적은 것도 아닐 뿐만 아니라, 설령 적다고 하더라도 외국의 입법례에 비추어 보거나 우리의 전반적 경제사정에 비추어 보더라도 결코 소액이라고 할 수 없는 사건을 소액사건으로 분류하여, 가볍게 재판하는 것은 허용되지 않는다. 먼저 어떠한 것이 소액인지, 즉 국민이 진정으로 이해하는 소액에 대한 관념부터 정립하여야 한다.

소액심판제도 (2) - 소액사건의 범위 확대 유감 -

소액사건심판규칙이 2016년 11월 29일 개정되어 2017년 1월 1일부터는 소액사건의 기준이 되는 소송목적의 값이 3,000만 원 이하로 되었다. 1973년 소액사건심판법의 제정 당시 소액사건에 해당하는 소송목적의 값을 법률에서 규정하고 있었으나, 1980년 제2차 개정시 대법원규칙에 이를 위임하였다.

법률 제정 당시 소액사건은 20만 원이었는데, 그동안 법률 및 규칙의 개정을 통하여 1997년 12월 31일(1998년 3월 1일 시행) 2,000만 원으로 올렸다가 이번에 3,000만 원으로 다시 올린 것이다. 대법원은 그동안의 물가와 소득수준의 상승을 그 개정이유의 하나로 들고 있다.

소액사건은 소액사건심판법이 적용되어 간이한 재판에 의하여 처리된다. 소액사건은 상고이유가 제한되어 있을 뿐만 아니라 항소율 및 항소인용률이 극히 낮아 사실상 제1심과 다를 바 없이 운용된다(항소율은 2% 정도이며, 항소인용률은 0.3% 정도에 불과하다). 따라서 소액사건으로 처리함이 상당한지는 단순히 경제적 관념상 소액으로 볼 것인지 문제와는 달리 취급하여야 한다. 선진 외국의 입법례에 비추어 보더라도 우리나라의 소액과 같이 가액이 높은 나라를 찾기 어려운 것도 이 때문이다.

물론 대법원은 한정된 사법자원의 효율적 활용 및 배분도 그 이유로 들고 있으나, 소액사건으로 처리하는 경우 법원의 전체 사건의 부담 경감 효과가 보다 직접적이기 때문임을 부정하기 어렵다. 그런데 이런저런 사정들을 감안하여 아무리 선해(善解)하더라도 소액사건으로는 소송물가액이 너무나 크다. 한국의 소액사건심판제도에 관심을 가지는 외국 학자들도 우리나라의 소액사건의 범위에 대해선 모두 갸우뚱거린다.

소액사건의 경우 원칙적으로 이행권고결정부터 하고 본다. 이마저도 최근 법원조직법과 사법보좌관규칙을 개정(법원조직법의 경우 2016년 3월 29일 개정, 사법보좌관규칙의 경우 2016년 6월 1일 개정)하여 2016년 7월 1일부터는 종래 판사가 하던 것을 사법보좌관이 하도록 하고 있다.

소액사건도 의젓한 소이다. 인지액에 있어서도 달리 차별하지 아니한다. 그럼에도 불구하고 이행권고결정이 확정되어 더 이상의 재판이 없음에도 불구하고 민사소송 등 인지법에 따른 2분의 1 상당의 인지액의 환급도 하지 않는다.

소액사건에 대한 법원의 관념은 사법제도에 관심 있는 연구자로 하여금 당혹하게 한다. 금액이 상대적으로 적다는 이유로 대법원이 소액사건에 대하여 혹시라도 편하게 생각하는 것이 아닌지 우려를 금할 수 없다. 일반 국민의 법원에 대한 사법신뢰는 금액이 적은 사건에서부터 비롯될 수 있음을 법원은 늘 경각심을 가지고 경계하여야 한다.

소액심판제도(3) - 작은 것이 아름다운 소액사건 -

'작은 것이 아름답다.' 물론 이 말이 모든 경우에 통용되는 것은 아니다. 이 말이 지닌 다의성(多義性)에 비추어, 실증적으로 접근하여 의미를 파악하는 데에는 한계가 있다. 그러나 작은 것을 아름답게 보는 마음, 작은 것이라도 소중하게 여기는 마음은 아무리 강조하더라도 지나치지 않는다.

소액사건은 소송목적의 값이 일정한 액수 이하에 해당하여 소액으로 불린다는 점에선 작은 사건이다. 그러나 작다고 하여 물론 가벼운 것은 아니다. 우리 일상에서 흔하게 일어나는 사건으로, 다른 사건보단 더욱 가까운 사건이다. 특히 우리나라의 소액은 어느 나라보다 결코 작은 사건이 아니다. 비교법적 관점에선 우리나라보다 더 큰 액수를 소액으로 하는 나라를 찾기 어렵다.

우리나라의 경우 '작은 사건이므로 소액심판을 한다'는 것이 아니라, '소액심판을 하기 위해 작은 사건으로 취급한다'라는 말이 실상에 더 어울린다. 금전 등의 지급을 구하는 소액사건의 상한은 소송목적의 값(訴價)이 무려 3,000만 원이 된다.

소액이 말 그대로 소액이 아님에도, 소액사건에 대한 법원의 관념은 여전히 '작다'에 비중을 두고 있다. 작기 때문에 빨리 재판한다. 작기 때문에 불복의 기회가 상대적으로 적으며, 상고도 제한된다. 빨리 재판을 하기 위해 하루에도 많은 사건을 처리한다.

얼마 전 변호사 한 분이 소액사건 법정에서 한두 시간 기다리는 것이 다반사라는 경험담을 신문에 기고하였다(최규호 변호사, '소액사건 재판

진행 문제 심각하다', 2016. 1. 7.자 법률신문). 변호사도 그렇게 기다려야 하는데, 당사자는 어떠하랴 생각하니 마음이 답답하다. 사건이 적체(積滯)되지 않도록 최선을 다하고 있는 법원의 고단한 심사를 이해하지 못하는 바가 아니어서, 법원을 만연히 탓할 수만은 없다.

그런데 문제 해결의 방안은 정녕 없는 것일까? 소액재판의 이런 실정을 사법정책을 수립하는 분들이 제대로 파악하고 있을까? 파악하고 있다고 하더라도 지혜를 짜내기 위하여 노심초사(勞心焦思)할까? 송구스러운 말이 되겠지만, 심정적으론 그럴 것이라는 확신이 별로 들지 않는다.

비근한 예로 2015년 12월 4일 개최된 전국 법원장회의에 관한 보도자료를 보더라도 소액사건은 빠져 있다. 대법원장의 2016년 1월 4일 시무식 식사에서도 소액사건의 언급은 찾아볼 수 없다. 법원의 관심이 '대법원 사건 줄이기'에 급급하다는 인상을 준다.

이런 인상은 필자의 오해로 인한 것이었으면 내심 바라고 있다. 그러나 대법원이 강조하는 모든 일이 결국 그쪽으로 향하는 것 같아, 그런 생각을 차마 떨쳐버리기 힘들다. '사실심 충실화' 내지 '사실심 강화'도 제대로 된 재판이라는 좋은 의미로 하는 말이겠으나, 달리 뒤집어 보면 이로 인해 사실심 재판에 승복하도록 하여 '상고하는 사건을 줄이라'는 말로도 들릴 여지가 없지 않다.

소액사건은 비록 금액이 적으나 법원으로서는 국민과 부딪칠 확률이 가장 큰 사건이다. 건수에서는 민사본안사건에서 차지하는 비중이 70.2%(2014년 민사본안사건 1,136,935건 가운데 소액사건은 798,215건이다. 2015년 사법연감)에 이른다. 국민의 삶 속에 영향을 미치는 것은 큰 사건만이 아니다. 보다 직접적으로는 소소하게 발생하는 작은 사건들이다.

작은 사건을 아름답게 마무리할 수 있도록 지혜를 모아야 한다. 법원이 소액재판의 현장에서 일어나는 모습들을 국민의 관점에서 보다 주의깊게 살펴야 한다. 지금이라도 소액을 현실화(現實化)하고, 소액사건을 신속하면서 적정하게 재판할 수 있는 제도적 개선에 혼신의 노력을 다하여야 한다. 사법신뢰는 가까운 데서, 작은 데서 비롯된다. 작은 것이 아름답기 위해선 세심한 정성이 필요하다.

민사사물관할제도 – 빈번한 민사사물관할의 변동 –

민사 및 가사소송의 사물관할에 관한 규칙이 2016년 9월 6일 개정(2016년 10월 1일 시행)되어 민사단독사건의 항소심 관할의 변동이 있었다. 이에 따라 민사단독사건의 항소심은 모두 지방법원 합의부의 관할로 되었다.

2015년 1월 28일 위 규칙의 개정으로 소송목적의 값에 따른 민사단독사건의 기준을 성큼 두 배나 올려 2억 원으로 조정하면서도 항소심 관할만은 종전과 같이 1억 원을 기준으로 하였는데, 이러한 기준마저 갑작스레 허물어 버렸다. 이유인즉 단독사건의 항소심 관할을 통일하기 위한다는 것이다.

대법원은 규칙 개정안의 입법예고기간도 마치 대법원규칙이 자치법규에 해당되는 것인 마냥 행정절차법상 최소한의 입법예고기간인 20일만 주고서 그 기간이 경과되자 곧장 개정하여 버렸다. 대법원이 규칙을 개정하는 모습을 보면 국민을 안중(眼中)에 두고 있는지 의아할 따름이다.

이번 민사 및 가사소송의 사물관할에 관한 규칙에서 느껴지는 대법원의 절차적 관념은 지극히 실망스럽다. 2015년 초 제1심 단독판사의 사물관할의 기준을 변동할 때에 대법원은 1억 원을 기준으로 항소심 관할을 정하는 이유를 항소심의 사건 비율이 급격하게 변동되는 것을 방지한다는 명분을 내세웠다. 그런데 이번 개정시에는 이러한 항소심 사건 비율의 급격한 변동 요인이 소멸하였는지에 대해서는 전혀 설명이 없다.

뿐만 아니라 실체적으로도 이번 개정은 설득력 있는 조치로 보이지 않는다. 종래 민사 및 가사소송의 사물관할에 관한 규칙의 변동이 있는 경우 민사소송규칙도 이에 맞추어 비변호사 소송대리에 관한 기준까지 조정하였다. 이에 반하여 2016년 9월 6일 민사소송규칙을 개정하여, 단독사건 가운데 비변호사 소송대리의 범위는 여전히 1억 원 이하로 묶어 놓고 있다. 즉 단독사건 가운데 소송목적의 값이 1억 원을 초과한 경우 본인이 소송을 하지 아니하는 한 변호사를 선임하여 하라는 것이다.

그런데 1억 원 초과 사건을 중한 것으로 보고 그렇게 한 것으로 이해한다면, 항소심 관할에 있어서도 마찬가지의 취지가 적용되어야 할 것인데도 유독 항소심 관할의 경우는 이와 달리 취급하고 있다.

규칙을 개정하더라도 국민이 개정의 이유를 제대로 알 수 있도록 충분한 설명이 있어야 한다. 그런데 대법원은 이를 바꾸고도 내세우는 명분으론 납득하기 어려운 두어 줄 언급밖에 없다. 대법원이 쉽게 정할 수 있는 규칙사항이라고 하더라도 이러한 개정이 진정으로 국민을 위한 것인지 마음을 비우고 챙겨보아야 한다. 그렇지 않다면 결국은 부메랑이 되어 법원의 불신으로 되돌아오기 때문이다.

인지액납부제도

민사재판 등의 경우 소제기나 신청시에 인지액(印紙額)을 납부하여야 한다. 인지는 사법수수료(court costs, court fees)의 성질을 지닌다. 즉 법원의 역무(役務)인 심리 및 재판에 대한 반대급부인 수수료(service charge)이다. 법원은 국민에 대한 사법서비스를 무료로 제공하는 것이 아니다. 국민으로서는 인지를 마치 세금을 내듯이 생각한다(그런 의미에서 인지세(stamp duty, stamp tax)라고 이해하기도 한다).

그런데 이러한 민사사건의 제소시 인지액을 납부하여야 하는지, 납부하여야 할 때에도 얼마를 납부하여야 하는지는 나라마다 다르다. 즉 모든 나라가 우리나라와 같은 방식으로 인지액을 납부하는 것은 아니다.

인지액의 납부가 타당하다고 보는 입장에서는 인지액의 납부는 다음의 두 가지 기능을 가진다고 본다. 첫째는, 인지를 납부케 함으로써 소송의 남용을 억제하고, 둘째는, 법원의 재판에 따른 이익에 대해서는 수익자인 이용자가 그 비용을 부담하여야 한다는 것이다.

그러나 인지액의 많고, 적음에 따른 소송 남발의 억제 효과에 대해서는 실증적인 조사가 행해진 바 없다. 나아가 국가의 재판제도를 이용함에 있어서 반드시 수익자가 그 비용을 납부하여야 한다는 것도 조세에 대한 이해에 따라 입장이 다를 수 있다. 여하튼 국가가 설치한 법원을 이용함에 있어서 비용 부담 여부 및 그 정도에 관해서는 나라마다 다르다.

우리나라의 경우 소송목적의 값(訴價)에 일정한 금액 구간에 따른 일정한 비율로 곱한 뒤 일정한 금액을 더하여 인지액을 산출하고 있다. ① 독일의 경우에는 각 심급마다 소송목적의 값(Streitwert)에 따른 기본수수료에 일정한 비율로 곱하는 방식으로 제소수수료를 산정한다. ② 프랑스의 경우에는 1977년 법률에 의하여 민사사건에 있어서 원칙적으로 제소수수료를 납부하지 않는다(Law no. 77-1468 of December 1977). ③ 미국의 경우에는 인지액을 납부하더라도 소송목적의 값에 관계없이 일정한 정액만 납부한다. 예컨대 미국 연방지방법원의 제소수수료는 원칙적으로 350달러이다(28 U.S.C. §1914(a)). 뉴욕주 지방법원(Supreme/County Court)의 제소수수료(사건접수비용, filing fees for obtaining index number)는 210달러이다(CPLR §8018(a)(1),(3)). ④ 덴마크의 경우에는 기본적으로는 독일의 방식을 취하되, 일정한 소송목적의 값(DKK 50,000)을 초과하는 경우 일정한 방식에 의하여 산출한 변론 비용을 추가적으로 납부하여야 한다.

인지제도가 이렇게 나라마다 다른데도, 우리나라의 경우에는 소송목적의 값이 크면 의당 재판의 복잡성과 난이도, 심리기간 등 법원의 역무 부담이 이에 비례하여 크다는 전제로 인지제도를 운영하고 있다. 더 나아가 인지액 부담을 통하여 소송의 남용을 억제한다는 생각을 여전히 가지고 있어, 최근 들어 오히려 인지액을 상향 조정하는 등 국민의 비용 부담을 가중하고 있다.

2011년 민사소송 등 인지법을 개정(2011. 7. 18. 개정, 2011. 10. 19. 시행)하여 종래 보전처분 신청시 등에 납부할 인지액인 2,000원을 일률적으로 1만 원으로 올렸을 뿐만 아니라, 가처분 가운데 특히 임시의 지위를 정하기 위한 가처분의 경우는 그 신청시 등에 본안의 소에 따른 인지액의 1/2에 해당하는 인지액을 납부하도록 하였다(이 경우 인지액의 상한액은 50만원이다).

더 나아가 2014년에는 민사소송 등 인지규칙을 개정(2014. 7. 1. 개정, 2014. 10. 1. 시행)하여 재산권에 관한 소로서 그 소송목적의 값을 계산할 수 없는 것과 비재산권을 목적으로 하는 소의 소송목적의 값을 종래 원칙적으로 2,000만 100원으로 하되 일정한 사건에 한하여 5,000만 100원으로 하였던 것을 원칙적으로 5천만 원으로 하되, 일정한 사건에 한하여 1억 원으로 상향 조정하였다.

한편 인지를 낸 후 소취하, 화해, 조정 등으로 판결 외 소송이 종료된 경우 인지액의 1/2에 해당하는 금액을 환급하여 주고 있으나(2012년 민사소송 등 인지법을 개정(2012. 1. 17. 개정·시행)하여 심리불속행으로 인한 상고기각판결이나 상고이유서 부제출로 인한 상고기각판결의 경우에도 인지액의 1/2에 해당하는 금액을 환급하고 있다), 그 환급의 범위를 일률적으로 1/2로 제한하는 이유도 분명하지 않다.

대법원은 2009년 '민사소송비용제도의 정비 방안 연구'에 관한 용역을 발주한 바 있다. 그러나 세계 각국의 다양한 인지제도에 관한 관심 없이 독일과 미국, 일본의 인지제도를 검토하는 선에서 발주가 이루어졌다. 그 결과 연구 내용 역시 인지액을 납부하는 것을 당연시하되 다만 이를 정액제로 할 것인지, 소송목적의 값에 연동(連動)한 슬라이드제를 할 것인지 등에 관하여 연구가 집중되어 인지제도에 관한 다각도의 심도 깊은 연구에는 이르지는 못하였다.

대법원이 진정으로 국민을 위한 사법제도의 구현을 사법정책의 기본으로 설정하였다면, 우리나라의 인지제도를 근본적으로 검토하는 일에서부터 시작하는 것이 방향성에 있어서 옳다.

법정녹음제도

법정녹음제도가 2012년 일부 법원에 의한 시범적 실시를 거쳐 2015년 1월 1일부터 각급 법원에서 전면적으로 실시되고 있다. 이러한 법정녹음제도는 형사사건을 제외한 민사, 가사, 행정, 특허사건에서 법원이 필요하다고 인정하거나, 당사자의 신청이 있고 특별한 사정이 없는 경우에 변론기일 또는 변론준비기일의 내용을 녹음하는 제도이다.

법정녹음에 관하여 민사소송법(제159조 제1항, 제283조 제2항)에 그 근거 규정을 두고 있었으나, 그동안 제대로 시행되지 아니하다가 2015년부터 각급 법원으로 전격적으로 확대하여 실시하기로 한 것이다. 대법원은 2014년 12월 4일 재판예규인 '변론의 속기·녹음에 관한 업무처리요령'을 개정하여 이에 관한 상세한 규정을 두었다(법원행정처는 2014년 12월 '법정녹음 매뉴얼'을 발간하였다).

법정녹음제도는 재판절차와 심리과정의 투명성을 높인다는 점에서 매우 획기적인 조치이다. 법정녹음은 궁극적으로 조서(調書)를 대체하게 되어, 재판에서 조서작성의 부담이 상대적으로 줄여들게 된다. 따라서 이에 따라 재판 역량을 심리에 집중할 수 있어 재판의 충실화를 가져온다.

법정녹음은 말로 하는 재판, 대화와 토론 및 설득의 재판을 가능하게 함으로써 법정 문화의 개선에도 이바지한다(다만 변론 등이 녹음된 내용과 서면 내용으로 이원화되는 체계에서 재판부가 녹음된 내용을 어느 정도 실질적으로 고려할 것인지는 앞으로 지켜볼 일이다).

법정녹음은 직권으로 또는 당사자의 신청이 있는 경우 예외 사유가 없는 한 의무적으로 실시되므로, 법정에서 말로 하는 변론이 매우 중요시된다. 따라서 종래의 변론 방식 내지 신문 방식은 변화되어야 한다(최근 민사사건의 경우 민사소송규칙이 개정되어 2015년 7월 1일부터 변론종결 전 당사자의 의견진술권이 보장되고, 당사자신문시 당사자신문사항의 사전 제출의무가 폐지되었다). 앞으로 법정변론(trial advocacy)이 종전보다 더욱 중요하게 되었으므로 서면의 작성과 함께 변론기술에도 세심한 주의가 요구된다.

법정녹음제도의 실시에 따라 법원의 업무부담의 재조정이 불가피하다. 특히 조서 작성방식을 체계화할 필요가 있다(녹음과 더불어 녹취서, 속기록, 요약조서 및 요지조서 등의 활용 방안도 적극 검토하여야 한다). 미국의 실시간 조서기록제도(realtime court report system)를 참고할 수 있다.

기존의 전자소송에서의 재판서, 조서 등 일체의 문서가 전자화되어 전자문서로 관리되는 체제와 연계하여, 법정녹음제도가 연착륙(軟着陸)할 수 있도록 필요한 조치가 취해져야 한다.

법정녹음제도의 정착에 발맞추어 판결서 간이화(簡易化) 작업도 과감히 서둘러야 한다. 법정녹음제도의 심리환경에서 판결서의 필요성과 기능에 대한 관념이 재정립되어야 하며, 이에 따라 판결서 작성 양식 등에 대한 획기적 변화를 시도할 필요가 있다.

법정녹음제도에 대하여 거는 기대는 크다. 법정녹음제도가 법정 중심의 충실한 재판을 구현하는 제도적 장치로서 성공적으로 정착되길 바란다.

판결서공개제도

판결서공개제도에 대한 관심이 커지고 있다. 판결정보의 공개는 사법의 투명성 확보와 사법 견제를 위하여 매우 중요한 의미를 지닌다. 그러나 최근 판결정보공개에 관련한 논의를 보면 현행 판결정보공개의 실정(적용 범위, 방식 등)을 고려하지 아니한 주장도 있어, 먼저 현행 판결서공개제도의 실태에 관한 정확한 이해가 선결되어야 할 필요성을 느낀다.

현행 시행되는 판결서공개는 공간(公刊)된 판결의 경우와 미공간(未公刊) 판결의 경우로 나누어 볼 수 있다. 공간된 판결은 대법원 및 전국 법원에서 스스로 등록한 판결로서 인터넷으로 검색을 할 수 있다. 그러나 미공간 판결은 일정한 요건하에 일정한 신청절차에 따라 인터넷 등으로 판결정보를 제공받을 수 있다. 이러한 미공간 판결의 공개에 관해서는 확정된 판결의 경우와 미확정(재판 진행 중) 판결의 경우로 나누어 살펴볼 수 있다.

확정된 판결의 경우 형사사건은 개정된 형사소송법(제59조의3)의 규정에 따라 2013년 1월 1일부터, 민사사건(행정·특허사건 포함)은 개정된 민사소송법(제163조의2)에 따라 2015년 1월 1일부터 사건 당사자나 법률상 이해관계를 소명한 제3자가 아닌 일반인의 경우도 변론의 공개가 금지되지 아니한 사건(이유가 적시되지 아니하는 일정한 사건도 제외된다)이라면 일정한 신청절차에 따라 판결정보를 제공받을 수 있다(관련 규칙 및 예규 등에 상세한 규정을 두고 있다).

미공간 판결 가운데 미확정 판결의 경우에는 '공공기관의 정보공개에 관한 법률'에 따라 그 법률에서 정하고 있는 예외 사유에 해당하는 경우가 아닌 한 일반인은 일정한 신청절차에 따라 판결정보를 제공받을 수 있다('전자우편 등을 통한 판결문 제공에 관한 예규'에 상세한 규정을 두고 있다).

문제는, ① 확정판결이든 미확정판결이든 모두 일정한 신청절차(수수료 납부 후 일정한 기간 내에서 전자우편 등으로 제공)를 거쳐야만 판결정보를 제공받을 수 있으며, ② 신청서 양식에 해당 사건의 사건번호를 반드시 기재하여야 하며, ③ 판결정보를 제공받는 경우에도 해당 사건의 당사자 이름 등은 비실명(非實名)으로 처리된다는 점이다.

따라서 일반인으로서는, ① 인터넷상 제공받기를 원하는 판결정보를 즉시에 제공받을 수 없을 뿐만 아니라(물론 무료로 제공받을 수 없다), ② 반드시 해당 사건의 사건번호를 알아야 하므로 주제어(키워드) 검색이 가능하지 아니하며, ③ 당사자의 이름 등이 비실명으로 처리되어 당사자가 누구인지 알 수 있는 검색을 할 수 없다.

판결정보의 공개는 판결정보에의 접근권(接近權), 즉 국민의 알권리와 충족과 투명한 사법을 위한 국민의 사법 견제의 취지에서 이루어져야 한다. 국민에게 사법부가 판결정보를 독점한다는 인상을 주어 국민의 사법불신을 초래해서는 아니 된다. 따라서 현행 판결서공개제도는 점진적으로 그 범위가 확장되고 있지만, 여전히 실질적 의미에서의 진정한 판결정보공개라고 볼 수 없다. 일부에서 전관예우 등의 방지와 사법신뢰성 확보를 위한 판결정보의 전면적 공개를 주장하는 것은 일리가 있다.

비실명의 문제는 개인정보보호에 관련한 문제로서 보다 신중히 접근하여야 하나, 개인정보 가운데 재판정보는 일반적 경우와는 다른 차원에서 접근할 필요성이 있지 않을까 생각한다. 변론이 공개된 재판사항은 어차피 일반인에게 공개한 것이므로 판결정보 자체를 개인정보 보호를 들어 비실명처리하는 것은 문제이다.

차제에 미국의 경우처럼 법원 홈페이지에 자체적으로 선고한 판결을 올려 언제든지 무료로 정보를 제공받을 수 있도록 하거나, 정부가 운영하는 유료시스템(PACER, Public Access to Court Electronic Records, www.pacer.gov)을 통하여 또는 사설기관 검색서비스(Lexis-Nexis, Westlaw)를 통하여 쉽게 판결정보를 제공받을 수 있는 방법을 강구할 필요가 있다.

판결정보공개와 관련하여 관련 법률과 규칙·예규 등을 검토하여 특별한 예외 사유가 없는 한 누구라도 열람하고자 하는 판결정보를 손쉽게 접근할 수 있도록 전면적인 공개가 이루어져야 한다. 국민과의 소통은 무엇보다도 국민의 재판정보에의 온전한 접근(access)에서 비로소 가능함을 무겁게 고려하여야 한다.

소비자단체소송제도

며칠 전(2016년 3월 3일) 소비자기본법 일부개정 법률안이 국회에서 가결되었다. 그 가운데 소비자단체소송의 원고적격자로서 '한국소비자원'을 추가하는 개정이 있었다.

소비자단체소송은 사업자가 소비자의 권익관련 기준을 위반하여 소비자의 생명, 신체 또는 재산에 대한 권익을 직접적으로 침해하고 있는 경우 소비자단체 등이 나서서 그 권리침해행위의 금지·중지를 청구하는 소송이다.

소비자단체소송은 부작위(不作爲)를 청구(injunctive relief)하는 소송이라는 점에서 손해배상을 청구(monetary claim)하는 소송인 증권관련 집단소송과는 그 성격을 달리한다. 그런데 소비자단체소송은 2008년 1월 1일 시행 후 지금까지 서너 건 정도만 제기되는 등 거의 이용되지 않고 있다.

이번 소비자기본법의 개정은 소비자 권익 증진을 위한 공공기관인 한국소비자원이 소비자단체소송을 제기할 수 있도록 하여 소비자단체소송제도의 실효성을 확보한다는 취지에서 이루어졌다. 그러나 소비자단체소송의 활성화가 원고적격자에 한국소비자원을 추가함으로써 제고(提高)된다고 보는 것은 너무나 안이한 생각이다.

일본의 경우에도 소비자 피해의 사전방지 내지 확대방지를 위한 부작위소송인 소비자단체소송이 이미 2007년 6월 7일부터 시행되고 있으나, 그 이용은 매년 평균 10건 내지 15건 정도에 불과하다는 통계가 있다.

우리나라의 소비자단체소송이 실제 이용되지 않고 있음에도 불구하고, 소비자단체소송의 문제점에 대한 본격적인 연구가 집중적으로 이루어지고 있지 않다. 무엇보다도 제도 개선에 대한 노력이 거의 미미하다. 그럼에도 불구하고 성질을 같이하는 개인정보단체소송제도를 주저 없이 추가하여 2011년 9월 30일부터 시행하고 있다.

우리나라의 입법의 추진 경위를 보면 그 부실성(不實性)에 자괴감(自愧感)을 느낄 정도이다. 우리의 법 풍토, 법 실정에 맞지 않게 외국의 입법례를 그냥 좇아가는 수준의 입법 행태를 벗어나지 못하고 있다.

일본의 경우 2013년 11월 12일 '소비자의 재산적 피해의 집단적 회복을 위한 민사재판절차의 특례에 관한 법률'(약칭하여, '소비자재판절차특례법', '소비자소송특례법'이라 부른다)을 제정하여 2016년 12월까지는 시행하도록 예정되어 있다. 위 소비자소송특례법은 소비자계약상 발생한 피해에 대하여 특정적격의 소비자단체가 원고가 되어 금전적 손해배상을 청구할 수 있는 소송이다.

일본은 브라질, 캐나다 등의 집단소송법을 참고하여 2단계 소송(two-stage action system), 즉 제1단계의 공통의무확인소송과 제2단계의 대상채권의 확정절차를 나누어 진행하는 소송의 형태를 취하고 있다. 특히 대상채권의 확정절차는 소비자의 채권신고(opt-in)에 따라 간이확정신청단체에 의하여 수행된다. 소비자 피해의 실질적 구제에 있어서 보다 발전된 형태의 일본 소비자단체소송제도에 대해서는 그 시행 이전부터 일본 외에서도 연구 결과물이 잇따르는 등 학계 및 실무계에 비상한 관심을 모으고 있다.

일본의 단체소송에 대한 연구는 우리와 비교가 되지 않을 정도로 오래되며, 지속적이고 치밀하다. 우리의 경우는 이와 대조적으로 서둘러 증권관련 집단소송법을 제정하여 2005년 1월 1일부터 시행하였다. 그러나 증권관련집단소송은 그 법이 시행된 지 11년이 지난 지금까지 10건도 채우지 못하고 있다.

지금이라도 집단소송을 운용할 수 있는 여건이 되는지에 관한 법사회학적 연구부터 차분히 진행하여야 한다. 그리고 우리의 실정에 맞는 집단소송의 모델을 세계 각국의 집단소송법과의 비교 검토를 통하여 꾸준히 찾아나가는 차분함과 신중함, 그리고 여유를 가질 필요가 있다.

우리의 입법 현실을 절차법을 전공하는 필자로서 늘 안타깝게 바라본다. 법률을 만드는 일만은 서두르지 말자는 것이 필자의 확고한 생각이다.

원로법관제도

최근(2017년 2월) 대법원은 원로법관제도의 정착을 위하여 고등부장판사 이상의 인사에 실제 이를 반영하고 있다. 원로법관제도의 구체적 내용이 확정되었다고 보기 어려운 상황이기는 하나, 대법원의 설명에 의하여 법원장을 두 번 역임한 정년에 가까운 고등부장판사급에 대하여 제1심법원에 배치하여 제1심 사건을 담당하게 하는 제도를 의미하는 것으로 이해된다.

정책에 지나지 아니하여 법령이나 최소한 예규 등에 의하여 이를 뒷받침하는 제도라고 볼 수 없지만 평생법관제도의 일환으로 내거는 정책이다. 원로법관과 비원로법관의 기준도 애매하거니와 굳이 법원장 두 번 이상한 법관에 대하여 그 의미를 부여하는 취지도 잘 이해가 가지 않는다.

원로법관이 상대적으로 경륜 있는 법관이라고 볼 수 있지만 제1심 사건을 원활하게 수행할 수 있을지는 검증되지 않고 있다. 정년(停年)에 가까운 법관을 제1심 사건처럼 생동감 있는 사건을 맡게 하는 것이 타당한지 의문이 든다. 오히려 상급심에서 하급심이 한 판결이 타당한지를 재판하는 것이 그분들의 경륜에 부합하는 일이 아닐까 생각한다.

더구나 이번 인사에 법원장을 두 번 이상 하신 세 분이 제1심 소액사건을 담당하게 한다고 하는데 소액사건처럼 한 기일에 많은 사건을 처리하고 순발력을 요하는 사건을 원로법관이라고 효율적으로 수행할 수 있을지는 의문이다.

대법원이 어떠한 명분을 제시하더라도 이러한 조치가 인사적체 및 그 해소의 방안으로 취해지는 고육지책(苦肉之策)이라고 보는 것이 무리한 추론은 아니다.

일부에서는 이런 분들에게 사건 배당을 조절하고, 보조인력까지 배치하는 방안이 강구되어야 한다고 주장하는데, 원로법관제도의 취지를 몰각(沒却)하는 제도 부담을 초래하지 않을까 염려되기도 한다. 개인적 생각으로는 인사상 문제점을 있는 그대로 밝히고 지혜를 보아 평생법관제도의 정착을 위하여 보다 합리적인 제도를 모색하여야 하지 않나 생각한다.

법관정년제도

법원은 지금 인사철이다. 이런 시기와 맞물려 며칠 전(2016년 1월 29일) 서울고등법원 부장판사 한 분(곽종훈 부장판사)의 퇴임식이 있었다. 이미 보도된 바와 같이 곽 부장판사는 정년이 2016년 8월 7일인데도, 정년을 몇 달 앞두고 고위법관 인사시기에 맞추어 퇴임을 하였다. 곽 부장판사는 법원장을 한 뒤 (순환보직으로) 다시 고등법원으로 복귀하여 퇴임 전까지 재판 업무를 하였다.

2011년 7월 18일 법원조직법의 개정으로 법관의 정년이 종전의 63세에서 65세로 연장되었다(대법관은 종전의 65세에서 70세로 연장되었다). 법원조직법에는 국가공무원법이나 교육공무원법에서와 같은 정년퇴임일에 관한 별도의 규정을 두고 있지 않다. 따라서 법관으로서는 정년이 되는 날이 정년퇴임일이 된다.

물론 인사 시기가 아닌 때에 정년퇴임을 하면 재판부에 계속(係屬)된 사건의 처리가 후임 재판장이 정해질 때까지 늦어질 수 있다. 해당 재판부 사건을 다른 재판부에 재배당을 하더라도 다른 재판부에 사건 부담을 주게 된다.

그러나 35년 가까이(34년 5개월) 법원에 봉직한 분이 정년을 몇 달 앞둔 상황에서, 법원에 부담을 끼칠 것을 우려하여 퇴임을 결정한 것은 멸사봉공(滅私奉公)의 정신에서 비롯한 것으로 그분 개인의 용단(勇斷)에 따른 결정이지만, 필자 개인적으로는 아쉬움과 더불어 안타까움을 금할 길이 없다.

법원에 조금이라도 부담을 주는 것을 결코 원하지 아니하였을 그분의 입장이 이해되지 않는 것은 아니나, 그러한 결정에 이른 법원의 사정이 과연 부득이한 경우인지에 대해서는 선뜻 납득이 되지 않는다. 사건을 처리하는 재판부의 재판장으로 퇴임을 하는 경우와 같은 재판장의 유고(有故)시 재판 업무의 처리가 그렇게 법원에 부담을 주는 것인지 쉽사리 이해되지 않기 때문이다.

만약 법원에 부담을 줄 수 있다고 하더라도 사법자원(司法資源)의 효율적 관리상 충분히 이에 대처할 수 있지 않을까 생각한다. 굳이 정년퇴임이 재판부에 부담을 주는 일이 될 수 있다면 재판부가 아닌, 연구법관 내지 사법연수원 교수로 발령하여 재판부 아닌 보직으로 정년퇴임을 맞게 할 수 있는 것이 아닌가 생각도 든다.

평생법관제도는 법원의 초미(焦眉)의 관심사일 수 있다. 전관예우 문제를 비롯하여 법원이 처한 국민의 신뢰 회복과 관련된 모든 문제의 종국적 귀결은 정년법관제도의 정착에 있다. 이번 인사 전에도 고등법원 법원장 몇 분이 퇴임을 하였다. 정년을 1년 남겨둔 분도 있었다.

정년법관제도의 정착이 얼마나 어려운지 안타까운 마음으로 이를 지켜보고 있다. 법원이 국민의 신뢰를 얻는 길은 먼저 법원 내부에서 진정으로 법관을 아끼고 법관을 살피는 일에서 비롯한다.

재판소원제도

얼마 전(2016년 3월 18일) 박한철 헌법재판소장이 한국신문방송편집인협회 주최로 열린 초청토론회에서 국민의 기본권 강화의 방안으로 재판도 헌법소원(憲法訴願) 심판청구의 대상이 되어야 한다는 발언을 하였다. 헌법재판소장은 이미 헌법재판소장 후보자로서 2013년 4월 8일 국회 인사청문회에서 개인적 의견임을 전제로 이를 밝힌 바 있으며, 헌법재판소장으로 취임한 후 2013년 6월 18일 재판소원의 도입을 위하여 헌법재판소법 개정이 필요하다는 의견을 국회에 제출하기도 하였다.

재판소원의 문제는 매우 민감한 이슈이다(일부 언론은 대법원이 '결사반대'할 이슈로 표현하고 있다). 특히 이번 발언은 시기적으로 헌법재판소와 대법원이 그동안 재판소원에 관한 공론화(公論化)를 자제하는 듯한 분위기에서 나온 것이어서 더욱 의미심장하다.

재판소원제도의 도입을 위해서는 현행 헌법재판소법 제68조 제1항에서 헌법소원심판청구의 대상에서 배제하고 있는 '법원의 재판'에 대한 규정의 개정이 필요하다. 대법원은 법원과 헌법재판소 사이의 권한을 정해 놓은 헌법에 대한 개정이 필요하다는 입장이다.

대법원은 그동안 재판소원 주장에 대해서 극도로 불쾌한 심사를 여과 없이 드러내었다. 대법원은 헌법재판소장의 이번 발언에 대해서도 '개인적 주장'으로 치부하고 있는 것으로 알려졌다. 헌법재판소는 헌법재판소법 규정에 따라 그동안 재판소원에 대하여 각하결정을 거듭 선고하였다.

다만 헌법재판소가 1997년 12월 24일 선고한 사건(96헌마172등)에서 헌법재판소법 제68조 제1항에 대하여 한정위헌결정을 한 이후 헌법재판소가 위헌으로 결정하여 그 효력을 전부 또는 일부 상실하거나 위헌으로 확인된 법률을 법원이 적용함으로써 국민의 기본권을 침해한 경우에는 재판소원을 허용하고 있다.

이러한 상황에서 헌법재판소장의 직접적이고 노골적인 입장의 표명이 향후 헌법재판에 어떠한 영향을 미칠 것인지는 가늠하기가 쉽지 않다.

대법원이 이러한 발언에 대하여 공식적인 반응을 내놓고 있지 않는 것은 재판소원의 문제가 여론의 주목을 받고, 공론화되는 것 자체를 우려하기 때문이 아닐까 생각한다. 그러나 재판소원의 문제는 반드시 짚고 넘어갈 문제로서 만연히 이를 회피할 일만은 아니다. 신중에 신중을 거듭하여 결정할 일이기는 하나, 기관의 이해(利害)를 벗어나 진정으로 국민의 입장에서 판단하여야 한다.

사법 신뢰에 대하여 사법부 자체의 인식이 실제 국민의 체감과 괴리(乖離)가 있음은 달리 강변(强辯)을 요하지 아니한다. 사법 신뢰에 대한 관념부터 온도차를 느끼게 하는 현실에서 대법원이 문제 상황을 제대로 파악하고 있는지도 의문이다.

사법부가 국민의 신뢰에서 멀어질수록 재판소원의 문제는 더욱 불거지게 된다. 국민은 법원 판결의 논리성, 설득력, 무게감에 대해서도 아쉬움을 느끼고 있다. 대법원이 마음을 비우고, 오로지 국민만을 보고 재판을 하는지 스스로 겸허히 되돌아볼 일이다. 대법원의 업무 가중만을 부각시키고 있는 작금의 모습에 피곤과 염증(厭症)을 느끼고 있는 국민들의 심사(心事)를 헤아려 보았으면 한다.

대법원의 판결뿐만 아니라, 대법원이 추진하고 사법제도 역시 과연 국민의 입장에서 추진되고 있는지 많은 국민이 그 저의(底意)에 대하여 의문을 품고 있다. 사법부의 진정한 역할과 기능은 소박하게 말하면 '좋은 판결'(good decision)을 하는 것이다. 재판 외적인 국민과의 소통은 문제의 핵심이 아니다. 좋은 판결을 위한 소통이야말로 사법부가 추구할 진정한 소통이다.

재판소원의 문제를 강 건너 불 보듯하기엔 시대적 상황이 너무 절박하다. 사법부가 재판소원을 거부하는 것이 무흠결적(無欠缺的) 논리에 근거한 것인지 헌법적 시각에서 진지한 검토를 하였으면 한다.

헌법재판소장의 작심 발언은 심사숙고하여 던진, 책임 있는 발언으로 일응 추정할 수 있다. 대법원은 이에 대하여 무언가 입장을 표명하여야 한다. 그리고 견해의 대립에 대해서는 공론화하여 결론을 내려야 한다. 헌법재판소와 사법부는 국민을 위하여 존재한다. 국민을 위하는 일에서 기관의 이익을 내세우는 것은 국민에 대한 도리가 아니다.

법률용어의 한글화 작업

법령에서 일본식 용어나 어려운 한자 용어를 한글로 바꾸는 작업이 꾸준히 진행되고 있다. 법령상 용어의 변경도 법령의 개정 형식으로 이루어진다. 법제처는 2014년 12월 '알기쉬운 법령 정비기준'(제6판)을 발간하여 이에 관한 구체적 기준을 제시하고 있다.

종래의 일본식 표현 등에 익숙해 있는 법률관계자들은 법령상 내용의 변경이 아닌 표현의 변경에 불과한 경우에는 별다른 관심을 갖지 않을 뿐만 아니라 달리 주목조차 하지 않는다.

예컨대 2002년 법률에 의하여 일본식 용어가 변경되었음에도, 하위 규범인 규칙은 10여 년이 지난 지금까지 2002년 이전의 용어가 버젓이 사용되기도 한다('민사소송 등 인지법'은 2002년 민사소송법의 전부개정에 따라 종전의 '소가(訴價)'라는 용어를 '소송목적의 값'으로 변경하여 사용하고 있으나, '민사소송 등 인지규칙'은 지금껏 종전의 '소가'라는 용어를 그대로 사용하고 있다).

사정이 이렇다 보니 법령을 변경하여 한글 표현으로 바꾼다고 하더라도 변경된 용어가 정착되기까진 상당한 기간이 걸린다. 심지어 판례조차 변경된 용어를 즉각적으로 반영하지 않고, 솔찮은 기간이 지난 뒤에야 비로소 반영하기 일쑤다.

법령상 용어뿐만이 아니다. 판례나 문헌에 흔히 사용되는 일본식 용어를 지적하여도 전혀 반영되지 않기도 한다. 대법원은 판결서에 여러 차례 한글식 표현을 사용할 것을 장려하고 독려한 바 있다. 2013년 3월에는 법원도서관이 '법원 맞춤법 자료집(전정판)'을 발간하였다.

그러나 정작 대법원 판결서에도 이를 제대로 반영하고 있지 않으니 한글식 용어 사용이 얼마나 어려운 일인지 짐작되고 남음이 있다.

일본의 흔적을 지우는 작업은 부단한 관심과 노력 없이는 사실상 불가능에 가깝다. 대법원부터 솔선수범하여 대법원 규칙이나 예규, 그리고 판결 등에서 일본식 용어가 사용되고 있는지 확인 또 확인하는 세심함을 보여주어야 한다.

IV

대법원 재판과 제도 개선

대법원 구성의 다양성

대법관 구성의 다양성은 늘 지적되어 왔으나 실현되고 있지는 않다. 대법원을 다양한 성향의 대법관들로 구성하여야 하는 것은 최고법원인 대법원의 기능상 필수적 조건이라 할 수 있다.

우리 대법원은 법관 출신이 거의 압도적이다. 이를 들어 법관순혈주의(法官純血主義)라고 비판하기도 한다. 왜 이런 현상이 전혀 개선되고 있지 아니한가? 무언가 본질적인 원인이 도사리고 있는 것 같다. 법관 출신만이 대법관 업무를 감당할 수 있다는 강박관념, 즉 법관 출신 외의 대법관으로는 대법관의 직무수행이 사실상 어렵다는 불안감이 저변에 깔려 있지 않은가 싶다.

대법원의 주된 기능은 최종적으로 법을 선언하는 정책법원으로 역할하는 것이다. 따라서 대법관은 사회의 다양한 가치를 수렴할 수 있어야 한다. 그럼에도 불구하고 통상의 경우 대법관으로 제청된 분이 어떠한 가치와 신념, 성향을 가진 분으로 어떠한 법적 판단 내지 선택을 할 것인지 제대로 가늠하기 어렵다.

재야에서는 대법관의 다양화를 위하여 일본 최고재판소가 판사 출신 6인, 변호사 출신 4인, 검사 출신 2인, 그 밖의 직역 출신 3인으로 구성하고 있음을 예로 들어 우리의 대법관 구성을 비판하고 있다. 일본의 전통적 재판관 구성 방식이 일응 참고할 만하나 이러한 형식적 구성에 대해서도 비판의 목소리가 크다(Shigenori Matsui, "Why is the Japanese Supreme Court so Conservative?" Washington University Law Review(2011, Volume 88)).

일본의 경우 최고재판소 재판관을 전통적으로 다양한 직역 출신으로 할당하여 구성하고 있으나. 이러한 구성은 형식적 다양성에 불과하다고 지적하고 있다. 재판관 선출의 과정 및 경위상 조직의 이해관계에 따른 전략적 고려(strategic reasons)가 작용하여, 조직 문화에 길들어지고, 같은 정치적 신념(political ideology)을 가진 인사가 선출됨으로써 최고재판소가 보수적 성향으로 일관하고 있음을 맹렬히 비판하고 있다.

우리 대법원이 진정으로 국민의 입장에서 대법관 후보를 제청하고 있는지, 그렇다고 할 경우 어떠한 입장을 국민의 입장으로 이해하고 있는지 거듭 묻고 답하여야 한다.

진정으로 국민을 위한 사법부로의 지향(指向)은 대법원 구성의 다양성 확보로 국민의 진정한 염원(aspiration)을 실현해 낼 수 있는 최고법원을 가지는 데서부터 출발한다.

대법관의 성향 분석

대법관의 성향을 분석하는 일은 매우 중요한 의미를 지닌다. 중요한 사회적 이슈에 대한 대법원 판결의 예측가능성을 제고(提高)할 뿐만 아니라, 대법원 판결이 대법관의 어떠한 정치적 신념과 가치관에 기하여 이루어졌는지를 검증할 수 있기 때문이다.

대법관의 성향을 분석하기 위해서는 대법관의 성향의 다양성(多樣性)이 전제되어야 하며, 대법관 성향의 다양성은 대법원 구성의 다양성의 가장 직접적인 척도(尺度)가 된다. 대법관 인선 때마다 대법원 구성의 다양성을 요구하고 있지만 재판의 효율성에 밀려 이러한 다양성이 제대로 반영되지 않고 있다.

최근 일부 언론(한국경제 2015. 9. 23.자)이 현 양승태 대법원장이 취임한 후 지금까지(6년 임기 가운데 4년에 걸친) 전원합의체 판결(34건)을 전수조사(全數調査)를 하여 대법관별 반대의견을 낸 비율을 보도한 바 있다. 지극히 형식적인 단순한 기준에 의하여 반대의견을 많이 낸 대법관과 그렇지 아니한 대법관을 대비하는 기사로서, 하나의 통계자료에 불과할 뿐 다른 유의미(有意味)한 자료 가치는 없어 아쉬웠다.

이러한 통계는 반대의견을 많이 낸 대법관이 마치 진보적 성향 내지 자유주의적 성향을 지니는 것처럼 오도할 수도 있는 위험한 자료이기도 하다. 물론 전반적으로 보수적 성향의 현 대법원의 체제하에서 다수의견은 보수적 입장을 반영하는 것으로 이해하는 것은 결코 무리한 추론(推論)만은 아니다.

그러나 우리나라와 같이 대법원 소부(小部)가 있는 경우에는 전원합의체에서 반대의견을 낸 대법관이 소부 사건에서는 다른 입장을 보이는 경우는 얼마든지 있을 수 있다. 특히 소부 사건 가운데 소부를 구성하는 4인의 대법관이 일치하는 의견을 낸 경우 전원합의체에 회부되지 않는 실정에서는 더욱 그러하다(2015년 7월부터 대법원장 및 각 소부 소속 대법관 3인 등 4인으로 구성된 '전원합의체 소위원회'에서 매달 새로 접수되는 상고사건 가운데 전원합의체에 회부할 사건을 선별한다. 이러한 새로운 전원합의체 회부 방식이 제대로 운영될 것인지는 앞으로 지켜볼 문제이다). 따라서 전원합의체 판결에서 반대의견을 낸 대법관이 소부 사건에서는 매우 보수적인 판결을 내는 경우도 흔하다.

우리나라의 경우에는 대법관의 성향을 분석하는 다양한 기법(技法)이 제대로 개발되지 않고 있다. 미국의 경우는 다양한 기법을 통하여(대표적으로는 Andrew D. Martin and Kevin M. Quinn의 'Markov chain Monte Carlo Bayesian method' 등) 대법관의 이념적 경향 내지 선호(ideological leaning, preference), 사건의 접근방식(specific perspective) 등을 대법관 임명 이전의 경력, 성장 배경, 정당적 관련성, 정치적 신념 등을 망라하여 분석하고 있다. 이를 위하여 대법관 임명 전후의 판결, 논문, 칼럼, 연설문 내용까지 포함한 풍부한 데이터베이스(database)를 구축하여, 매우 정교한 통계적 및 확률적 분석을 실감나게 보여주고 있다.

우리나라의 경우에는 대법관 성향에 관한 체계적 분석의 연구 논문조차 거의 없다시피 하다. 우리나라도 대법관의 기본적 성향이 진보적 내지 자유주의적(progressive or liberal)인지, 보수적(conservative)인지를 정확한 통계 분석에 의하여 파악할 필요가 있다.

피의자 인권 문제, 표현의 자유 문제, 사생활보호 문제, 환경 문제,

노동 문제, 여성·청소년 문제, 성소수자 문제, 소비자 문제, 복지 문제 등 주요한 사회 문제에 대한 전원합의체 판결, 소부 판결 및 하급심 판결에 이르기까지 신빙성을 담보할 수 있는 통계 기법을 도입하여 치밀하게 분석하여야 한다.

최소한 이용훈 전 대법원장 시대의 대법관들을 포함하여(당시 독수리 오형제로 회자(膾炙)된 진보적 성향의 대법관들의 판결들도 새로이 조명을 할 필요가 있다) 양승태 현 대법원장 시대의 대법관들의 판결들만이라도 우선적으로 시도함이 바람직하다.

대법관의 성향에 관한 정확한 분석을 통하여 대법원 구성의 다양성의 문제를 보다 본격적으로 논의할 수 있다. 대법원이 국민의 삶에 차지하는 중요성에 비추어 이러한 연구 작업은 반드시 필요하다.

상고법원 설치 논란

대법원으로서는 국회에 발의된 상고법원 설치에 관한 관계 법률의 개정안의 통과 여부가 초미(焦眉)의 관심사가 아닐 수 없다. 상고법원 설치에 관한 찬성과 반대의 입장이 팽팽히 대립하여 치열한 공방을 벌이고 있다.

상고법원 설치가 정당한지 여부는 심도 깊은 논의를 요한다. 상고법원 설치 논리의 정당성을 검토하기 위해서는 상고제도의 취지, 헌법상 최고법원인 대법원의 상고사건 제약의 근거, 대법원과 상고법원과의 관계, 상고법원 설치시 상고제도의 현실적 운영 등 매우 복잡한 문제를 정확히 풀어내야 한다.

상고법원 설치의 시행을 강력히 주장하는 대법원이 상고법원 설치에 공을 들이는 것은 당연할 수 있으나, 상고법원 설치를 홍보하는 방법을 보면 평소 보아 온 대법원의 모습과는 달라도 많이 다르다는 생각을 떨쳐 버릴 수 없다.

대법원 홈페이지에는 상고법원 설치를 홍보하기 위한 웹툰, 동영상, 블로그 등으로 가득 차 있다. 대법원은 아예 네이버, 다음 등에 포털 사이트 검색광고까지 하고 있다. 이에 그치지 않는다. 페이스북과 유튜브 등 SNS에도 광고를 하고 있다. 페이스북 대법원 홈페이지에서는 '상고법원'으로 사행시(四行詩)를 짓는 이벤트 행사까지 한다. 대법원이 이러니 지방법원은 이에 뒤질세라 더 열을 올린다. 지원(支院) 단위까지 현수막과 포스터를 내걸고, 모 지방법원은 자전거 대장정 홍보까지 한다. 이런 대법원의 모습에 대해 매스컴은 '심판이 선수로 뛴다'라고 비아냥거릴 정도이다.

상고법원 설치에 대한 대법원의 입장을 국민에게 홍보하는 것은 정당하다. 그런데 그 홍보의 정도가 지나치면 국민에 대한 폐가 된다. 상고법원 설치에 관한 법률안이 국회에 발의된 상태에서는 더욱 그러하다.

상고법원을 선택할 것인지 여부는 국민이 결정할 일이다. 대법원은 국민의 사법기관이다. 국민의 위임을 받은 사법서비스를 하는 헌법기관이다. 국민이 사법서비스를 형태를 결정한다.

대법원은 기본적으로는 국민의 구체적 위임내용을 기다려야 한다. 위임자인 국민에 대하여 수임자인 대법원으로서는 위임 업무의 정당하고 효율적인 수행을 위하여 위임자에게 보다 나은 업무수행 방식을 알리고 설득할 수는 있다. 그러나 수임자가 너무 앞서서 위임자의 결단을 유도하거나, 한쪽 입장에서 제공된 일방적 정보에 의존하여 판단을 하도록 하는 것은 결코 용납되지 않는다.

대법원이 상고법원 설치가 현실적 문제를 타결하기 위해 최선의 선택이라고 판단하더라도 국민이 원하지 아니하면 채택되지 않는다. 그동안 상고허가제도가 채택되어 시행되었으나 10년을 넘기지 못한 채 폐지되었고, 상고부 설치, 상고심사부 설치 등도 현실화되지 못한 채 채택되지도 못하였다.

상고법원 설치에 대하여 대법원이 안타깝게 매달리는 것은 이해되지 않는 것은 아니나, 사생결단식으로 목을 매다는 모습을 보이는 것은 대법원의 모습으로서는 어울리지 않는다.

제19대 국회에 발의되어 있는 상고법원 설치 관련 법률안의 통과 여부는 지켜볼 일이다(제19대 국회에 처리되지 아니하는 한 제19대 국회의 임기종료(2016년 5월 29일)로 자동폐기된다). 그러나 그 결과 여부와 관계없이 대법원이 국민을 계도(啓導)하려는 계몽적 사고방식으로, 국민이 보기에는 여론몰이로 보일 수 있는 행동을 하는 것은 어떠한 명분으로도 합리화될 수 없다, 상고법원의 설치를 위한 대법원의 홍보 자세, 방법 및 정도는 아무리 생각하여도 납득되지 않는다.

대법원이 거듭 자중(自重)하는 모습을 보이지 않으면 국민의 법원에 대한 이미지에 치명타(fatal blow)가 될 수 있음을 유념하여야 한다. 국민은 법원이 어느 쪽으로도 기울지 않고 중립적으로 판단하는 국가기관으로 인식하고 있다. 오이 밭에서는 갓끈을 고쳐 매지 않는 모습을 대법원이 보여주었으면 한다.

최고법원 논란

노골적이지는 않지만 대법원과 헌법재판소 가운데 어느 곳이 최고법원인지 보이지 않는 신경전(神經戰)이 만만찮다. 우리는 최고로서 둘을 인정하지 않는다. 따라서 어느 한 곳이 최고법원임을 확정하고 싶어 한다. 대법관들이나 헌법재판관들이 최고법원에 관한 문제에 대하여, 더 나아가 법률의 하위규범인 규칙에 대한 헌법통제에 관한 문제에 대한 인식 내지 이해에 있어서 제시하는 논리는 상당 부분 설득력이 없다. 기관의 이익이 배제된 순수한 헌법해석으로 보기 어렵기 때문이다.

개인적으로는 헌법재판에 있어서 최고법원은 헌법재판소이며, 헌법재판을 제외한 나머지 재판에 있어서 최고법원은 대법원이라고 이해하는 것이 타당하지 않나 생각한다. 재판의 성격을 달리하는 두 헌법기관 사이에 한쪽 기관이 최고법원이라면, 다른 쪽 기관은 최고법원이 아니라는 말과 다름 아닌 이런 결론 자체를 수긍하기 어렵다. 헌법상 '최고법원인 대법원'(제101조 제2항)은 헌법상 규정 체계 및 문언으로 보아 헌법재판소를 제외한 경우를 전제로 한다고 보아야 한다.

근본적으로는 최고법원이라는 말 자체에 연연하는 국민의식도 문제이다. 인식 여하에 따라 지방법원이 최고법원으로 불릴 수 있다. 실제로 미국 뉴욕주 지방법원을 Supreme Court로, 캘리포니아주 지방법원은 Superior Court라고 부른다. '최고'라는 말은 가장 높다는 의미를 지님과 동시에 가장 중요하다는 의미를 지닌다.

국민과 법원이 처음으로 대면하여 분쟁을 해결하는 제1심법원을 최고법원이라고 하여 이를 시비할 사람이 있을까. 우리의 사법이 열린 마음 아닌 편협한 생각으로 옹졸하게 대응하는 대목을 여러 곳에서 발견할 수 있는데 참으로 안타까운 일이다.

대법원 재판과 가치 선택

며칠 전(2015년 9월 15일) 유책배우자(有責配偶者)의 이혼청구를 허용할 것인지에 대한 대법원 전원합의체 판결이 있었다. 가족법을 전공하지 아니한 필자가 위 전원합의체 판결에 대한 실체법상 의미에 관하여 정확히 분석을 하는 것은 능력 범위 밖이다. 다만 전원합의체 판결을 통하여, 헌법상 혼인과 가족생활에 있어서 개인의 존엄과 양성의 평등, 혼인제도의 도덕성 등의 인식에서 나타난, 대법관들의 가치관과 성향을 엿볼 수 있어, 이번 판결은 민사절차법 전공자로서 거듭 곱씹어 볼 연구 거리를 제공하였다.

이번 전원합의체 판결은 다수의견과 반대의견의 수가 7 : 6이다. 7 : 6에서 알 수 있듯이 견해가 팽팽히 대립되었음을 알 수 있다(6 : 6 동수의 상태에서 대법원장의 last voting이 casting vote가 되었다). 판결서 가운데 실질적 판결이유의 설시에 해당하는 23쪽 가운데 8쪽 반 정도를 다수의견이, 14쪽 반 정도를 반대의견이 할애할 정도로 치열하였다.

유책주의(有責主義) 판례가 형성되기 시작한 1960년대부터 거의 50년간 이러한 입장을 유지한 판례가 변경될 것인지 주목된 사건에서 7 : 6의 견해의 대립은 경우에 따라서는 얼마든지 파탄주의(破綻主義)로 전환될 수 있음을 시사한다. 그러나 대법원(공보관실)은 보도자료를 내고, 이번 전원합의체 판결로 유책배우자의 이혼청구 허용 여부에 관한 사회적 논란을 종식(終熄)시켰다고 자평(自評)하고 있다.

더 나아가 대법원은 전원합의체를 통해 판결을 선고한 동일한 쟁점에 대해서는 사회·경제적 변화가 없는 이상, 상당한 기간 동안 전원합의체의 회부조차 사실상 제한되어 왔음을 강조하고 있다(위 보도자료에선 그 예로 전원합의체 판결 후 동일한 쟁점에 대해 다시 전원합의체 판결을 변경한 경우 가운데 가장 빠른 기간이 13년이라는 언급까지 덧붙이고 있다).

그러나 이번 전원합의체 판결로 사회적 논란을 종식시켰다든지, 상당한 기간 판례의 변경이 없을 것으로 점치는 이러한 시각은, 전원합의체 판결의 변경 가능성을 평면적으로 이해한 데 연유한다(대법원의 보도자료에서 이를 언급하는 것이 적절한지도 의문이다). 법리의 문제가 아닌 일반인의 법의식을 전제로 한 가치 선택의 문제에서는 판례 변경의 시기를 예측하는 것은 매우 어렵다. 이는 국민 일반인의 의식의 변화의 시기를 예측하는 것과 마찬가지이기 때문이다.

형법상 간통죄가 위헌이라는 헌법재판소의 결정의 과정을 보더라도 이를 추지(推知)할 수 있다. 간통죄의 위헌 여부는 헌법재판소에서 1990년 9월 10일 합헌결정을 한 후 이어 3차례에 걸쳐 합헌결정을 하였다가 2015년 2월 26일 위헌결정이 선언되었다. 9인 재판관으로 구성된 헌법재판소에서 처음 두 차례는 각 6 : 3으로, 이어 8 : 1로 합헌의견이 절대적으로 우세였었다. 그 후 2008년 10월 30일 4 : 5로 오히려 위헌이라는 견해가 우세하였으나 위헌결정이 요하는 3분의 2의 요건을 충족하지 아니하여 합헌결정이 되었다가, 7년 만에 2 : 7로 위헌결정이 선고되었다.

규범 인식에 있어서 변화는 불가피하며, 재판에서 이러한 변화의 수용(受容)은 지극히 당연한 것이다. 물론 전원합의체 판결의 변경 이전에 입법을 통하여, 그리고 유책주의의 예외에 해당하는 사항에 대한 완화된 해석을 통하여 실제적 변화가 반영될 여지는 얼마든지 있다. 이번의 경우 대법원은 유책주의의 포기가 혼인제도 및 가족생활에 미치는 파급효(波及效)에 대한 예측에 터 잡아 현상유지(status quo)의 입장을 선택하였을 따름이다.

이번 전원합의체 판결에서 정책법원을 지향하는 대법원의 변화된 모습을 읽을 수 있어서 고무적이다. 특히 공개변론의 과정을 통하여, 그리고 판결이유에서 가치 선택에 대한 풍부한 논거(reasoning)의 제시를 통하여, 국민으로 하여금 사회적 문제가 사법적으로 여과되어 판례로 형성되는 과정을 볼 수 있도록 한 점 등은 매우 긍정적으로 평가될 수 있다.

대법원 재판과 사법적극주의

얼마 전(2015년 9월 15일) 대법원이 형사사건의 성공보수약정이 무효라는 판결을 하였다. 전원합의체에서 대법관 전원일치의 판결이다. 형사사건에 있어서 성공보수를 금지한 외국 선진사법제도와 맥을 같이하는 판결로서 사법개혁에 관한 획기적 판결로서 매우 중요한 의미를 지닌다. 사법적극주의(judicial activism)에 관한 정확한 개념을 정의하지 않고 말하는 데 주저됨이 없지 아니하나, 이번 판결은 사법적극주의의 전형적 판결이라고 평가할 수 있다.

우리 사법부가 개별 사건에 관한 법적용, 일반 사건에 관한 법해석의 차원이 아닌 제도개혁(institutional reform) 내지 구조개혁(structural reform)의 판결을 하는 것은 미국의 경우와 달리 매우 드물다. 필자의 생각으로는 대법원이 앞으로 사회의 구조적 문제에 대하여 보다 적극적으로 관여하는 판결을 할 것으로 짐작한다(보충의견이기는 하지만, "많은 국민이 어떤 사법제도나 실무관행이 잘못 되었다고 지적한다면 이제라도 바로잡는 것이 옳다"고 하여 대법원의 단호한 의지를 표명하고 있다).

이번 판결의 결론에 대해서는 대한변호사협회가 반대하는 입장을 공식적으로 발표하였으나, 서울지방변호사회는 이 판결을 계기로 형사사건에 있어서 표준수임계약서 양식을 재정비하여 판결의 취지에 부합하는 조치를 취하는 등 발빠른 행보를 보이고 있다. 이번 판결이 가져올 파장의 향방은 두고 볼 일이나, 대법원이 작심하고 한 판결이어서 형사사건의 성공보수는 제도적으로 허용되지 않게 되었다.

그런데 이번 판결을 꼼꼼히 읽어보면 결론 자체의 필요성 내지 정당성에 대한 설명과 달리 결론 도출을 위한 법리적 논리가 선뜻 수긍이

가지 아니하여 개인적으로는 아쉬움을 느꼈다. 대법원의 핵심적 논리는 형사사건의 성공보수약정에 관한 위법성 여부에 관하여 이번 판결 이전에는 이와 같은 판결이 없어 선량한 풍속 기타 사회질서에 반하는 행위(민법 제103조)라고 보기 어려우나, 이번 판결의 선고를 계기로 하여 반사회질서 법률행위가 된다는 것이다.

선량한 풍속 기타 사회질서에 반하는 행위는 법률에 반하는 행위와도 그 성격을 달리한다. 따라서 법률에 위반하는 행위라고 하더라도 당연히 반사회질서 법률행위에 해당하는 것만은 아니다. 형사사건의 성공보수약정에 대하여 법률로도 금지하지 않고 있는 상황에서 민법 제103조를 적용하여 이를 일거에, 그리고 이번 판결을 기점으로(그 위법성을 명확히 밝혔다는 이유로) 일시에 부정하는 결론을 도출하였다.

여하튼 대법원이 이번 사건을 접수한 후 전원합의체에 회부하여 신속히 결론을 내린 적극성과 결단을 보인 것은 매우 고무적이다. 사법 적극주의가 한 단계 고양된 모습을 유감없이 보여준 이번 전원합의체 판결이 시사하는 바는 매우 크다. 앞으로의 대법원 전원합의체 판결들에 대해서도 주목하고자 한다.

대법원 재판과 사건의 배당방식

최근에 대법원은 '대법원사건의 배당에 관한 내규'를 개정(2015. 11. 24. 개정, 2015. 12. 7. 시행)하여 종래의 사건배당방식을 변경하였다. 2006년 12월 4일부터 대법원에 상고사건이 접수되면 일단 심리할 재판부만 정하고, 그 후 상고이유서 및 답변서 제출기간이 경과하는 즉시(2009년 1월 1일부터는 형사사건 가운데 피고인만이 상고한 불구속사건의 경우에는 상고이유서 제출기간이 경과하는 즉시) 주심대법관을 정하는 배당방식을 취하였다.

그러나 이번 개정으로 원칙적으로 답변서 제출기간 만료 시에 심리할 재판부의 배당과 주심대법관의 배정을 동시에 실시하도록 하였다(이러한 배당 전에는 관리재판부가 상고이유서 및 답변서를 제출받는다). 이번 개정의 이유는 당사자들이 재판부의 배당과 주심대법관의 배정 사이에 시간적 간격이 있어 혼동을 일으킬 수 있기 때문이라고 한다. 과연 이러한 혼란이 어느 정도 심각한 것인지 알 수 없으나, 재판부와 주심대법관의 배당시기를 맞추는 것 자체에 대해서는 달리 할 말이 없다.

다만 대법원사건의 배당을 제1, 2심의 사건배당과 달리 정할 이유가 있는지 선뜻 납득하기 어렵다. 대법원이 이러한 사건배당방식을 취할 수밖에 없는 것은 대법관 출신 등의 소송대리인 선임에 따른 전관예우의 우려 때문이다.

대법원이 전관예우 문제를 피해가려는 발상으로 사건접수 시 재판부 및 주심대법관을 배당하지 않는다고 하더라도 이로써 그 목적을 온전히 달성할 수 있는 것만은 아니다. 상고이유서 및 답변서 제출기간이 경과하여 주심대법관이 정해진 후에도 대법관 출신 변호사를 선임하여 상고이유서를 보충하는 서면을 제출하는 등의 방법을 취할 수도 있다.

대법원이 전관예우의 문제를 정면적으로 대응하지 아니한 채 사건배당방식을 달리하는 것은 미봉적(彌縫的)인 조치에 불과하다. 대법원사건에 전관예우의 문제가 없으면 굳이 지금과 같은 사건배당방식을 취할 필요가 없으며, 대법원사건에 전관예우의 문제가 있을 여지가 있으면 전관예우의 우려가 있는 사건에 관해서는 재배당의 방식을 취하는 것이 정도(正道)이다.

물론 소부(小部)사건의 경우 공직선거법위반 등 선거사건을 제외하고는 배정될 수 있는 주심대법관이 12인인 점에 비추어 재배당한다고 하여 전관예우의 우려가 완전히 불식된다고는 볼 수 없다. 그러나 재배당절차를 통하여 사건배당의 투명성을 제고(提高)하는 실효성은 거둘 수 있다.

대법원이 대법원사건의 배당방식에 관하여 2005년 대법원 내규(內規)로 정한 이후에도 7번이나 내규를 개정하면서 지금에 이르고 있다. 사건배당은 단순한 기관 내부적인 문제에 불과한 것만은 아닌데도 내규의 형식을 취하여, 그것도 수시로 사건배당방시을 변경하는 것은 대법원답다고 할 수 없다.

대법원 재판과 사실인정

재판은 증거재판이다. 법원은 자유심증주의(自由心證主義)에 따라 사실인정을 한다. 자유심증주의란 증명력의 판단을 법관의 자유심증에 맡기는 것이다. 형사소송은 엄격한 증거법칙에 의한 증거조사결과에 의해서만(형사소송법 제308조), 민사소송은 변론 전체의 취지까지 고려하여 판단한다(민사소송법 제202조). 심증형성은 논리법칙과 경험법칙에 따른다. 특히 민사사건의 경우는 사회정의와 형평의 관념도 사실인정에 작용한다.

자유심증주의의 적용 영역은 기본적으로는 사실심 재판이다. 즉 사실인정은 사실심 법관의 전권(專權)에 속한다. 다만 사실심 법원이 증거판단을 현저히 그르친 경우에는 자유심증주의를 규정한 법률 위반을 상고이유로 삼아 대법원의 판단을 받는다.

대법원은 사실인정의 문제에 관한 한 사실심 법원의 판단을 기본적으로 존중하여야 한다. 대법원이 사실인정 문제에 관여하는 경우는 사실심 법원이 사실인정에 있어서 증거법칙을 그르친 위법이 현저한지 여부가 쟁점이 된 경우에 한한다.

이러한 경우에도 대법원은 증거능력 및 증명력에 관한 증거법칙이 무엇인지, 원심법원이 이러한 증거법칙을 어떻게 위배하였는지, 그 위배의 정도가 현저하여 자유심증주의에 반한 사실인정을 하였는지 등 증거에 관한 법리적 차원에서 접근하여 판결하여야 한다. 다시 말하면 대법원이 사실인정의 문제에 관여하더라도 마치 사실심 법원처럼 다시 사실심리를 하여 사실을 확정하는 듯한 재판을 하는 것은 결코 바람직하지 않다.

최근(2015년 8월 20일) 대법원은 기소가 된 지 5년이 지난, 상고가 된 지 2년 가까이 된 형사사건(정치자금법위반)에서 전원합의체 판결로 원심법원의 사실인정이 정당한지 여부를 판단한 바 있다. 단순한 일반 형사사건임에도 피고인의 신분이 정치인인 까닭에 사실인정에 더욱 신경을 쓴 흔적을 지우긴 어렵지 않을까 생각한다.

대법원은 사실심 법원이 3년 이상 심리한 사건을 다시 2년 가까이 심리를 하여 판결을 선고하였다. 사실심 충실화로 정책법원을 지향한다는 대법원의 사법정책의 방향과도 잘 맞지 않는다. 법령해석 통일의 기능을 가진 대법원이 원심법원의 사실인정의 당부를 다루는 재판에 있어서 판결 결과에 따른 후폭풍(後暴風)을 의식하였다는 비판을 면하기 어려울 것 같다.

사법불신은 법원의 의연(毅然)하지 아니한 태도도 한몫을 한다. 대법원은 재판에 있어서 하급심 법원의 모범이 되어야 한다. 대법원은 사실심 법원의 판단을 최종적으로 확정하는 최고법원이기 때문이다.

국민으로서도 머뭇거리는 듯한 대법원의 태도를 의구의 눈으로 보는 마당에, 재판의 속살을 누구보다 잘 아는 사실심 법관은 어떻게 생각하겠는가? 대법원은 국민을 의식하는 것 못지않게 사실심 법관을 의식하여야 한다. 대법원은 진정으로 대법원(the Great Court)으로 대법원(the Supreme Court)이 되어야 한다.

대법원 재판과 판결이유 설시 방법

판결을 이해하는 기본적 자세는 어떠한가? 판결의 결론이 마음에 들고, 들지 않고는 판결에 대한 주관적 평가나 기호이다. 이런 태도는 선입견과 편견이 작용할 수 있으며, 집단적 이해관계에 얽힐 수 있다.

문제는 판결을 비판함에 있어서는 판결의 취지에 대한 정확한 파악을 전제로 하여야 한다는 것이다. 판결의 취지를 알기 위해서는 먼저 판결이유를 읽어야 한다. 법전문가가 아닌 일반인으로서는 판결이유에서 언급하고 있는 내용을 이해하기 어려운 경우가 많으므로 거듭 차분히 읽어야 한다.

법 전문가라고 하더라도 전공분야 내지 관심분야가 아닌 경우에는 신경을 써서 읽어야 한다. 판결서를 작성함에 있어서도 사건 당사자나 국민 일반이 판결의 내용을 제대로 이해할 수 있도록 거듭 신중을 기하여야 한다. 판결이유에서 직접적이지 아니한 방론적(傍論的, collateral) 언급으로 부당하게 시비를 야기하든지, 표현상 오해의 여지를 남기는 것은 결코 바람직하지 않다.

대법원은 최근 전원합의체 판결 수가 적다는 비판을 의식해서인지, 사법적극주의의 입장에서인지, 중요한 전원합의체 판결을 연이어 선고하고 있다. 올 들어 선고된 전원합의체 판결들 가운데 반대의견이 아예 없는 경우도 여러 건 되지만, 치열하게 의견이 대립된 경우도 있다.

그런데 판결이유를 보면 결론의 파급효(波及效)에 비하여, 결론 도출의 논리 전개가 충분하지도, 그리고 차분하지도 아니한 경우가 있을 뿐만 아니라, 무엇보다 이유 설시에 있어서 표현이 거칠어졌음을 느낄 수 있다.

물론 나름대로 설득력 있는 의견을 전달하기 위하여 부득이한 경우가 있을 수 있으며, 의견을 취하는 입장을 보다 선명히 드러내기 위하여 의도적으로 선택된 경우도 있을 수 있다. 그러나 불필요한 오해를 살 수 있는 표현은 대법원 판결서로서, 더구나 전원합의체 판결서로서 부적절하다.

최근 선고된 판결(대법원 2015. 8. 20. 선고 2013도11650 전원합의체 판결)에서 반대의견이 다수의견을 비판하면서 마치 다수의견이 "어떠한 수사('metaphor')를 동원하였든 다수의견은 … 인정하겠다는 것에 다름 아니어서 이에 동의할 수 없다"는 표현을 거침없이 사용하고 있다.

이는 다수의견이 결론을 미리 내고 이에 맞추듯 논리를 전개하고 있다는 느낌을 주는 표현에 '다름 아니어서' 대법원 판결서의 표현으로는 동의하기 어렵다. 여태껏 반대의견에서 사용된 표현들에 비추어 보아도 매우 생경하여 당혹스럽기까지 하다. 국민을 의식하여 보다 명확한 입장을 드러낼 필요가 있다는 판단에서 한 것인지 알 수 없으나, 표현만으로는 판결서에서 지켜야 할 금도(襟度)를 벗어난 것이 아닌가 생각한다.

문제된 사건은 자유심증주의의 적용, 즉 증거능력, 증명력 내지 증거가치에 관한 것으로 증거에 대한 평가에 있어서 논리법칙과 경험법칙의 적용에 관한 것이다. 대법관의 증거에 대한 관념 및 철학에 따라 견해를 달리하는 것은 얼마든지 가능하다. 그럼에도 불구하고 자신의 증거판단은 옳고, 다른 입장을 취하는 증거판단은 결론을 내고

한 제대로 된 증거판단이 아니라고 대놓고 비판하는 것은 최고법원의 판결서의 품격에는 맞지 않다.

대법원에서도 사실인정에 관한 문제에 이렇게 입장이 다른 데 하물며 하급심 판결의 사실인정에 있어서는 얼마나 잘못된 판단이 가능하지 않을까 의심하고 불안해 하지 않겠는가? 이는 결국 사법부가 스스로 사법불신을 야기하여 자신의 발등을 찍는 일일 수 있음을 깊이 생각해 보아야 한다.

대법원은 국민의 관심사로서, 대법관의 입장과 성향을 주목하는 사건일수록 보다 냉정함을 잃지 않아야 한다.

법정조언자제도

대법원은 2015년 1월 28일 민사소송규칙과 형사소송규칙을 각 개정하여 영미식 'amicus curiae'를 도입하였다. amicus curiae는 법정조언자(friend of the court, adviser to the court)제도로 불린다(규칙상으론 '참고인의견서제출' 제도이다). 이는 대법원에 계속 중인 공익관련 사건이나 사회적 영향이 큰 사건에서 국가 또는 지방자치단체를 비롯한 공공단체 등 참고인이 재판에 대한 입장을 설명하고, 이에 관한 전문적 지식이나 정보 등 의견을 제시하는 제도이다.

이미 법정조언자제도의 성격을 일부 지닌 참고인진술제도가 민사소송법(2002년 1월 26일 전부개정시) 및 형사소송법(2007년 6월 1일 개정시)상 도입되었으나, 기존의 제도는 변론이 열리는 사건에 한하여, 그리고 대법원이 지정한 참고인에 한하여 의견서를 제출하고 변론에서 진술하는 제도로서 그 한계가 있었다.

이번에 도입된 법정조언자제도는 변론이 열리지 아니하는 사건에서도, 그리고 참고인의 지정 없이도 참고인으로서 의견서를 제출할 수 있는 제도로서 그 적용 범위가 훨씬 넓다고 할 수 있다.

특히 앞으로 전원합의체 회부사건이 더욱 많아질 것으로 예상되는 상황에서 국민적 관심이 주목되는 사건, 또는 사회적 파장이 큰 사건의 경우 공개변론이 열리는지에 관계없이 공공단체 등이 의견서를 제출할 수 있는 법정조언자제도는 그 적극적 활용에 대한 기대가 자못 크다.

그러나 이번에 도입된 법정조언자제도에 관하여 법률상 이에 관한 근거 규정이 없이 대법원규칙에서 간단한 내용의 조문을 두고 있을 따름이다(과연 대법원규칙에서 이를 규정할 사항인지도 의문이다). 국가 또는 지방자치단체가 아닌 공공단체 등의 경우에는 독자적 권한으로 의견서를 제출할 수 없으므로, 대법원이 이를 허가하여야 의견서 제출이 가능하도록 되어 있다.

따라서 의견서 제출을 희망하는 단체나 개인이 의견서제출허가를 신청하고, 허가에 따른 의견서를 제출함에 있어서 필요한 절차 및 방법 등에 관한 구체적 규정을 반드시 마련하여야 한다. 미국의 경우 연방대법원 규칙에서 이에 관한 세부 규정을 두고 있으며, 그 허가 여부를 홈페이지에서 공개하고 있음을 참고할 필요가 있다.

대법원은 모처럼 마련한 법정조언자제도가 대법원 재판에서 제대로 자리매김할 수 있도록 제도의 시행 초기부터 필요한 근거 규정을 두고, 이에 따른 분명한 기준을 설정하여 효율적으로 제도가 이용될 수 있도록 운용의 묘를 살려나가야 한다.

도입 취지가 아무리 좋은 제도라도 제대로 운영되지 아니하면 유명무실(有名無實)한 제도가 될 수 있다. 대법원은 공익 등 국민적 관심이 큰 사건에서 사회의 다양한 견해가 재판 과정에서 충분히 걸러질 수 있도록 열린 마음으로 재판에 임해야 한다.

대법원의 업무가중 - 대법원은 과연 대병원인가? -

대법원이 사건의 홍수로 중노동에 시달리고 있다는 보도를 접할 때마다 안타까움과 더불어 걱정이 앞선다. 최근 퇴임한 대법관이 퇴임사에서 대법원 사건수가 가히 '살인적'이며, 이러한 상황에서 '사법신뢰 운운하는 것 자체가 사치'라는 표현을 한 바 있다. 더 나아가 퇴임 후 언론과의 인터뷰에서 대법관은 감당할 수 없는 사건을 처리하는 '기계'가 되어, 몸이 성한 곳이 없으며 병을 달고 살아야 하는 실정임을 강조하고, 이러한 상황을 들어 대법원을 '대병원(大病院)'에 비유하기도 하였다.

대법원의 사건 접수 및 처리 실태에 대하여 절차법을 전공한 필자로서는 그 통계적 수치까지 정확히 알고 있으나, 대법관 스스로 밝힌 대법원의 적나라(赤裸裸)한 실상을 접하고는 망연자실(茫然自失)(?)하게 된다. 물론 대법원이 상고법원의 설치와 관련하여 대법원의 업무 가중에 대하여 보다 노골적으로 언론에 알리고 있는 실정이어서, 발언의 진정한 의도가 의심스러운 것도 사실이다.

대법원이 이대로 가면 도저히 대법원으로서의 기능을 수행할 수 없는 임계점(臨界點)에 달하였음을 언론에 알리는 과정에서 다소의 과장이 있을 수 있다. 따라서 은유(隱喩)와 풍유(諷諭)가 섞인 부분을 걸러내고 읽어야 하므로 표현 자체에 천착(穿鑿)할 것은 아니다. 그러나 이런 상황을 설명하는 과정에서 구체적 사실과 실례(實例)를 들어 납득시키려 하는 대목에 이르러서는 듣기에 두려운 생각이 들기도 한다.

다른 사람도 아닌 대법관을 지내신 분이 대법원의 실상에 대하여 그렇게까지 묘사를 하고 있으니, 이를 적당히 치부할 수도 없는 노릇이다. 그렇다면 대법관이 중노동에 시달리고 있다는 사실을 그대로 받아들일 때 국민들은 어떠한 반응을 할 것인가?

가히 살인적 업무로 건강을 위협받고 있는 대법관에 의해 판결이 이루어지고 있음이 확인된 그 다음이 문제이다. 사건 하나하나에 여유를 가지고 정성을 다해 판결을 할 수 없음을 시인하고 있는 상황에서 대법원의 판결에 대한 국민의 신뢰가 확보될 수 있을 것인지 의문이다.

사법부를 구성하는 법관 가운데, 최고법원인 대법원의 경우에는 '법관'(Judge)이라고 부르지 않고 '대법관'(Justice)이라고 부른다. 이러한 (법관인 이상 선망의 대상이 될 수 있는) 최고의 영예를 지닌 대법관이 사건 처리로 건강을 위협받고 있는 상황이다.

대법관의 실상을 공개한 인터뷰 내용을 미루어 짐작하면, 대법관은 중노동으로 병환을 앓고 있고, 대법원은 이러한 환자들이 있는 대병원과 다름이 없다는 말이 된다. 건강을 관리할 수 없을 정도로 사건이 많은데도 사건을 줄일 수 없다면 어떻게 하여야 하는가? 먼저 떠올릴 수 있는 대안(代案)은, "일손이 부족하면 일하는 사람을 늘리면 되지 않을까? 너무 많이 늘리는 것이 문제가 있으면, 몇 분이라도 더 늘리면 되지 않을까"이다.

대법원이 실증적 근거를 가지고 하는 말인지는 몰라도, 대법관이 20~30명이 되면 전원합의체의 기능을 제대로 수행하지 못한다고 한다. 전원합의체 과정을 어느 정도 이해하는 필자로서는 과연 어떠한 기술적 문제로, 그 수치에 이르면 전원합의체 기능 수행상 현저한 곤란이 초래되는지 쉽게 판단이 서지 않는다. 여하튼 대법원의 입장을 부분적으로는 수긍할 수 있다고 하더라도 우선 대법관을 최소한 3인 정도라도 늘리면 어떨까 생각이 든다.

현재 대법원에서 판결에 관여하지 아니하는 법원행정처장인 대법관과 전원합의체 판결에만 관여하는 대법원장을 제외하고, 사건의 폭주에 시달리는 바로 그분들은 대법관 12인이다. 대법관을 3인만 증원하면 수치적으로 보아도 업무 부담을 획기적으로 줄일 수 있지 않을까?

국민으로서는 대법관들이 부디 건강하여 사건을 잘 처리해주길 바라는 마음이다. 상고법원도 좋으나 먼저 대법관이 성하게 건재(健在)하여야 하지 않는가? 대법관이 건강하여야 사법부가 바로 서고, 사법부가 바로 서야 나라가 바로 서지 않겠는가? 대법관이 사건의 부담으로 몸이 더 상하기 전에 몇 분의 대법관이라도 더 늘렸으면 한다. 논리 이전에 사람의 문제이므로 ….

V

변호사제도와 제도 개선

변호사제도의 공공성

얼마 전 선고된 형사사건의 성공보수약정은 무효라는 전원합의체 판결(대법원 2015. 7. 23. 선고 2015다200111 전원합의체 판결)이 또다시 변호사의 공공성(公共性)과 상인성(商人性)에 관한 논의에 불을 지피고 있다. 위 전원합의체 판결은 형사사건에서 변호사 직무의 공공성을 전제로 민법 제103조를 적용하였다. 위 판결상 형사사건에 있어서 변호사 업무의 공공성 지적은 지극히 당연한 것이다(물론 민법 제103조 적용의 논리가 충분한 설득력을 가진다고는 보여지지 않는다).

이분법적으로 선을 그어야 속이 편해지는 입장에서는 변호사가 상인인지 아닌지(일부 견해는 장사꾼인지, 선비인지로 극단적으로 대비하고 있다)는 흥미로운 주제일 수 있다.

이에 관하여 2007년 대법원은 상세한 이유를 들어 변호사는 상인이 아니며, 의제상인(擬制商人)도 아니라고 판단한 바 있다(대법원 2007. 7. 26.자 2006마334 결정. 변호사의 상업등기신청을 각하한 등기관의 처분이 적법한지가 다투어진 사건으로 변호사가 의제상인인지가 쟁점이 되었다). 논리적으로 다른 이론의 여지가 없을 것 같은 데도 변호사의 업무와 관련한 규제에 대하여 반발할 때에는 변호사의 공공성 여부를 들이댄다.

이런 문제를 대할 때면, 문제 제기를 하는 측에서 궁극적으로 무엇을 말하려고 하는지, 왜 이런 문제에 집착하는지 쉽게 이해가 되지 않는다. 변호사가 상인이라고 불리기를 원하는지, 공공성을 지닌 법률전문직으로 취급되는 것이 못마땅하다는 것인지 주장의 취지가 선뜻 잡히지 않는다.

변호사법의 규정만으로도 변호사가 상인이 아님이 명백한데도(해당 규정들이 켜켜이 있어 넘칠 정도이다), 법원이 변호사의 공공성을 들어 변호사에게 불리한 판결을 하면, 또다시 변호사의 공공성 여부에 시비를 건다. 다른 한편 종합소득세나 부가가치세의 문제에 있어서는 공공성을 들어 부과대상에서의 제외를 주장한다.

변호사가 공공성을 지닌다고 하더라도 직무의 성격상 그 정도는 상대적이다. 예컨대 민사사건에서 성공보수약정은 공공성을 지닌 변호사의 법적 성격을 고려하더라도 유효하다. 한편 변호사가 수행하는 업무의 성격에 따라 공공성의 정도에 차이가 있을 수 있다. 이는 변호사의 일반적 법적 지위상 공공성과 구체적 취급 업무상 공공성의 문제일 따름이다. 변호사협회나 지방변호사회는 구성원인 변호사의 이익을 위해 존립한다. 그러나 현안의 사항별로 변호사의 법적 지위를 유리한 쪽으로 끌어들이는 것은 의연한 모습으로 볼 수 없다.

변호사가 공공성을 지닌 업무를 수행한다는 법적 규정 내지 법적 판단에도 불구하고, 변호사 스스로 이런 공공성에 대한 자각이 없다면 이는 변호사 개인의 인식 내지 태도의 문제이다. 의사가 자신이 상인이라고 생각하면 어쩔 수 없는 것과 마찬가지이다.

변호사의 법적 지위에 관한 확고한 관념 내지 철학이 최소한 변호사단체에는 존재해야 한다. 국민이 변호사를 바라보는 시각이 잘못되었다면 이를 바로잡아야 하는 것도 변호사 자신, 그리고 변호사단체의 몫이다. 변호사는 분명 공공성을 지닌 독립한 법률전문직이다. 이런 정체성 때문에 법조삼륜(法曹三輪)으로 당당히 자리잡고 있지 않는가?

변호사회의 역사

오늘(2015년 9월 23일)은 서울지방변호사회의 창립일이다. 1907년 최초로 한성변호사회가 설립된 날을 서울지방변호사회의 창립일로 정하였다. 서울지방변호사회가 지금의 모습을 갖추게 된 것은 연혁적으로 통합 과정과 명칭 변경 등을 거쳐서이다.

'서울변호사회'라는 명칭은 1948년 변호사법이 제정에 따라 사용되었으며, '서울지방변호사회'의 명칭은 1983년이 되어서야 사용되었다. 그 사이에도 1960년 '서울제1변호사회'가, 1962년 '서울제2변호사회'가 생겼다가, 서울제2변호사회는 1974년 회원 미달로 해산되고, 서울제1변호사회는 1980년 서울변호사회와 통합하여 지금에 이르렀다.

서울지방변호사회가 한성변호사회의 설립연도인 1907년을 창립연도로 보는 것에 대하여 의문이 없는 것도 아니다. 역사적으로 어떤 입장을 취하는 것이 옳은 것인지, 기본적으로 단체의 동질성에 관한 개념부터 정리가 안 된 필자로서는 섣불리 말하기 어렵다.

창립일을 정하여 기념하는 것은 창립 정신을 되새기며 이를 발전시켜가기 위한 각오를 다지기 위해서이다. 서울지방변호사회가 창립일의 연원을 1907년 9월 23일로 거슬러 올라간 것은 오래된 역사성을 강조하는 것 이상으로, 근대 사법의 태동기에 최초로 지방변호사회로서 발족한 설립목적을 되새기기 위한 것이 되어야 한다.

변호사법이 제정되어 서울변호사회로 명칭이 변경된 1948년 당시 변호사법상 지방변호사회의 설립 목적은 '변호사의 명예와 위신을 앙

양하고, 법률도서관을 유지하며, 업무상 지식을 교환하고, 변호사의 업무를 개선함'에 두고 있었다. 현행 변호사법상 지방변호사회의 설립 목적은 '변호사의 품위를 보전하고, 변호사 사무의 개선과 발전을 도모하며, 변호사의 지도와 감독에 관한 사무를 하기 위함"에 두고 있다. 즉 변호사의 명예와 품위를 보전·함양하고, 변호사 사무의 개선·발전을 그 주된 목적으로 하고 있음을 알 수 있다.

서울지방변호사회가 오늘 창립기념을 함에 있어서 이러한 설립 목적을 점검하는 계기가 되었으면 하는 바람이다. 작금 변호사 사회에 분열과 대립이 조장되고, 알력(軋轢)과 긴장이 고조되어, 통합과 화해의 분위기보다는 이해관계의 갈등이 증폭(增幅)되고 있지는 않은지 반성해 볼 필요가 있다.

변호사회는 기본적으로는 이익집단이다. 따라서 변호사회는 일차적으로는 변호사의 이익을 위해 존재한다. 변호사가 기본적으로 인권을 옹호하고, 사회정의를 실현함을 그 사명으로 하는 만큼 이러한 사명의 수행이 변호사의 업무이고, 변호사회는 이러한 변호사의 업무에 해당하는 사회의 문제 자체에 관심을 돌리는 것은 당연하다. 그러나 변호사회는 고유의 목적에 부합하는 다양한 현안(懸案)에 대하여 균형 잡힌 역량을 발휘할 필요가 있다.

청년변호사의 문제, 법률시장의 개방화의 문제, 유사직종과의 협업 문제, 변호사의 사건수임 및 업무수행 과정의 부조리 척결 문제 등 중차대(重且大)한 현안이 산적해 있다. 물론 서울지방변호사회가 이러한 점들에 대하여 적극적으로 대응하고 있는 것으로 알고 있다. 그러나 문제는 국민으로서는 변호사회가 이런 다양한 문제들보다는 국민의 관심을 끌 현안(懸案)에 매몰되어 있다는 인상을 받고 있다는 점이다.

얼마 전 서울지방변호사회장(1995~1997년)을 지내신 바 있는 원로변호사님이 변호사단체가 일관된 사고 없이, 변호사의 힘을 조직화·세력화하지 못함을 질타(叱咤)하면서 변호사단체가 회원인 변호사의 눈에는 보이지 않는 '구름 위의 궁전'이라고 비유한 기사를 읽었다. 일관된 사고의 부재는 집단패배심리를 초래하였을 뿐만 아니라, 상상력의 결여로 변호사의 미래에 대한 성장동력(成長動力)을 상실하고 있음을 지적한 글이다(김성기, '합성의 오류', 대한변협신문 제559호(2015. 9. 21.) 11쪽).

변호사회는 침묵하는 대다수 회원의 진정한 이익을 위하여 노력하여야 한다. 통합의 리더십으로 갈등을 봉합하고, 비전(vision)의 리더십으로 앞으로 닥칠 위기를 준비하고 관리하여야 한다.

변호사회는 늘 비판에 마음의 귀를 열고 있어야 한다. 변호사단체는 정치집단이 아닌, 늘 열려 있는 집단이어야 하기 때문이다. 집단의 생리상 정책의 방향이 한쪽으로 쏠리다보면 그 관성(慣性)으로 다른 쪽으로 방향을 잡기 힘들 수 있다. 사심(私心)이 없는 비판은 방향을 놓치지 않게 하는 조타(操舵)의 역할을 한다.

사내변호사

며칠 전(2016년 1월 19일) 한국사내변호사회의 정기총회가 개최되어, 신임회장 등 임원진의 선출이 있었다는 보도를 접하였다.

한국사내변호사회의 회원 수는 2015년 말 기준으로 1,800명 가까이 된다(외국변호사는 별도의 사내변호사단체(IHCF)가 설립되어 있으며, 그 회원 수는 1,300여 명 정도로 알려지고 있다). 1990년대 국내 대기업 등에서 사법연수생 출신 변호사를 사내변호사로 공개채용하기 시작한 이후, 현재까지 사내변호사 시장은 비약적으로 증가되었다(2009년 서울지방변호사회 소속 사내변호사특별위원회가 출범할 당시 회원 수는 218명이었다). 법률시장의 변화에 따라 사내변호사가 이처럼 양적으로나 질적으로 팽창한 것은 획기적이다.

기업의 법률지원, 준법경영 및 윤리경영 등을 위하여 사내변호사의 역할은 보다 확대되고 있다. 그럼에도 사내변호사에 대한 보호 장치가 법적으로 제대로 마련되어 있지 않으며, 현실적으로 여러 가지 제약이 많다. 우리나라의 경우 사내변호사에 대한 법규의 부재 내지 미비로 현실적으로는 대한변호사협회 법제위원회의 해석에만 의존하고 있는 실정이다.

앞으로 사내변호사제도의 정착과 활성화를 위하여 신임 집행부의 역할은 막중하다. 특히 사내변호사의 이중적 지위와 관련된 독립성, 비밀유지의무, 비밀유지특권 등 사내변호사의 법적 지위에 관한 체계적 분석 및 이에 대한 입법적 개정방향의 모색 등 사내변호사제도의 연착륙(軟着陸)을 위해 풀어나가야 할 문제들이 산적해 있다. 신임 집행부의 새로운 출발을 축하하면서, 앞으로의 활동을 기대한다.

여성변호사에 대한 직장 내 성차별 조속히 해소되어야

최근 대한변호사협회 여성변호사특별위원회가 360명의 여성변호사에 대한 설문·면접조사 결과에 의하면 우리나라 여성변호사들이 채용과 진급·승진, 취급 업무 등에 있어서 성차별이 심각한 것으로 나타나고 있다.

여성변호사가 결혼과 임신·출산 등을 이유로 직장 내에서 차별대우를 받는다는 것은 양성평등과 모성보호 등에 관한 헌법 규정(제11조 제1항, 제36조)에도 반할 뿐 아니라, 성별차별로 채용과 근로의 조건을 달리하거나 그 밖의 불이익한 조치를 금지하고 있는 '남녀고용평등과 일·가정 양립 지원에 관한 법률'(남녀고용평등법)에도 반한다.

우리나라의 여성변호사의 수는 2016년 3월말 기준으로 5,128명으로서 전체 변호사 2만 550명의 25%를 차지하고 있다. 여성변호사의 증가에 따른 법조계의 대거 진출은 거스를 수 없는 시대적 추세가 되었다. 우리나라에서 1991년 한국여성변호사회가 설립되어 여성변호사의 권익옹호와 직장 내 성차별 금지를 위하여 적극적인 활동을 하고 있지만, 실질적이고 효율적인 구제방안을 모색하고 이를 시행하기에는 역부족이다.

여성변호사가 조직 내에서 자신이 처한 성차별에 대하여 개별적으로 대처하는 것은 본인에게 닥칠 직접적인 불이익을 고려하면 기대하기 어려울 수 있다. 따라서 먼저 대한변호사협회의 차원에서 로펌 및 개인법률사무소에 근무하는 여성변호사를 비롯하여 단체나 기업 등에 근무하는 사내변호사에 대하여 직장의 환경 내지 문화, 그리고 조직의 특성과 업무의 성질 등에 따라 구체적으로 어떠한 행태의 성차별이 이루어지고 있는지를 정확히 파악하여 실질적이고 실행가능한 방안을 능동적으로 마련하여야 한다.

법무부의 입장에서도 여성변호사가 처한 직장 내 성차별의 문제의 심각성을 인식하고 이에 대한 해결방안에 보다 적극적인 태도를 취해야 한다. 차제에 법조계에 있어서 성차별이 유독 여성변호사에 대하여 국한된 문제인지, 그렇지 않다면 여성판사나 여성검사에게도 정도의 차이는 있으나 공통된 문제인지 여성법조인 전반에 걸쳐 다각도로 조사할 필요가 있다.

무엇보다도 여성변호사를 채용하고 있는 로펌과 기업 등 스스로가 이러한 성차별의 문제를 해소하기 위하여 적극적이어야 함은 두말할 나위가 없다. 준법경영은 시대적 당위(當爲)이다. 해당 직장에서 여성변호사에 대하여 성차별이 없는 평등한 기회와 대우를 보장하고 권익의 향상과 모성보호 등에 보다 세심한 노력을 기울여야 한다. 스스로의 자정(自淨) 노력에 진전이 없는 경우 적절한 법적 조치를 취하는 등 조직적이고 지속적으로 이에 대처하여야 한다.

변호사 배출 수의 적정성 논의와 로스쿨 교육

변호사시장이 어렵다는 것은 변호사의 연평균 사건수임 건수에 관한 통계수치를 들먹일 필요조차 없다. 엎친 데 덮친 격으로 2017년 3월 국내 법률시장은 미국 로펌에도 3단계 개방을 하게 된다. 그러니 변호사시장은 불안한 현실에다 불투명한 장래로 인하여 더욱 불안정한 상태에 놓여 있다.

이번 달(2017년 1월)에 있을 대한변호사협회 협회장 선거에서도 변호사 배출의 수를 줄이는 공약이 빠지지 않는다. 이번 선거에 출마한 두 후보 모두 변호사 배출 대폭 감소를 최대 공약으로 들고 있다. 파이 자체가 늘어나지 않는 한 이를 차지할 사람이 줄어야 그나마 가지고 갈 몫이 늘어난다는 경제적 관점에서 접근하면 솔깃한 공약일 수 있다. 내세우는 명분이야 어떻든 따지고 보면 기득권 보호를 위해 진입장벽을 강화하겠다는 것에 다름이 아니다.

2년 전 이맘때쯤에는 사법시험 존치 문제가 변호사협회장의 선거에서 주된 선거공약이 되었다. 선거공약이 다양하지 않고 제한된 상황에서는 당선이 된 이후에도 선거공약으로 내건 이슈가 재임 내내 주요현안이 된다. 지난 2년의 모습 역시 예외가 아니다. 경위는 어찌되었건 이로 인하여 로스쿨은 감내하기 어려운 진통을 겪지 않을 수 없었다. 이제 다시 변호사 배출 수가 최대 현안으로 만들어지는 상황에서는 앞으로 2년 역시 이러한 논의의 소용돌이에 로스쿨이 빨려들지 않을까 두려움이 앞선다.

적정한 변호사 배출 수는 얼마든지 논의할 수 있는 문제이다. 매우 복잡하고 전문적인 논의인 만큼 거듭 신중을 기해야 함은 원론적으로도 두말할 나위가 없다. 로스쿨이 온전히 정착되었다고 보기 어려운 상황에서 변호사시험 합격자 수를 대폭 줄이는 방식으로 변호사 배출 수를 조정한다는 것은 로스쿨제도의 존립의의를 위협할 수도 있음을 결코 가볍게 생각해서는 아니 된다.

매년 변호사시험 합격자 비율이 줄어드는 상황에서 선발 인원까지 대폭 줄인다면 로스쿨 교육은 그야말로 파행(跛行)을 초래할 수밖에 없다. 로스쿨에서 제대로 가르치기 위해서는 로스쿨 교육이 정상화될 수 있는 구조를 갖추어야 한다. 로스쿨 3년 내내 법에 대한 진지한 고뇌와 성찰은 엄두도 내지 못한 채 변호사시험에만 목을 매달고 법조계로 진출하는 법조인에게서 오늘날 우리가 필요한 반듯한 모습의 법조인을 기대할 수 있을지 의문이다.

로스쿨에서 정의와 형평의 관념이 가슴에 배도록 가르칠 수는 없다고 하더라도, 최소한 법조적 양심만이라도 가슴에 깃들 수 있도록 가르쳐야 하지 않을까 생각한다. 변호사 배출의 수를 줄이려는 강박관념에 사로잡혀 로스쿨 교육의 본질을 간과하는 어리석음이 반복되지 않기를 바랄 따름이다.

국선전담변호사제도

법조 뉴스 가운데 느낌 있는 산뜻한 소식을 접하기 어렵다. 사건의 성질에 대한 이해가 서로 다르니만큼 뉴스에 대한 수용의 태도도 각양각색이다. 이념에 따라, 이해관계에 따라, 성향에 따라 다 다르게 반응한다.

그런데 드물게나마 대부분 사람이 공감과 감동으로 받아들이는 경우도 있다. 최근(2015년 8월 22일) 두 국선전담변호사가 형법 개정에 따라 사상 처음으로 여성이 강간미수 등으로 기소된 사건의 국민참여재판에서 무죄를 받아낸 스토리가 그 가운데 하나이다. 뉴스가 전하는 감동 속에 또 다른 의미들이 배어 있어 여운을 더한다.

먼저 국선전담변호사제도를 돋보이게 하였다. 국선변호사제도 가운데 국선전담변호사제도는 2004년 시범 시행을 거쳐 2006년 본격 시행된 제도로 형사소송법상 국선변호사건의 확대에 즈음하여 시행되었다. 최근 2~3년 사이에 경쟁률이 1 : 10에 이를 정도로 치열하여 실력 있는 변호사들이 대거 국선전담변호사로 활약하게 되었다. 이번 사건은 이들의 사명감과 헌신으로 국선전담변호사제도를 재조명하게 된 계기가 되었다.

15시간 가까이 진행된 마라톤 재판에서 재판부가 보여준 인내와 성실도 괄목(刮目)하거니와, 일반인(layman)인 배심원들이 새벽 3시가 넘어서까지 지치지 아니하고 정의의 실현과정에 흔쾌히 일익을 담당하였다. 미국의 배심재판과 달리 배심원 평결이 기속력 없는 권고적 효력만을 가지는 제약에도 불구하고, 국민참여재판의 색다른 모습을 보여주었다. 재판부는 무죄 평결을 존중하여 무죄를 선고하였다.

특히 이번 사건에 관여한 두 국선전담변호사는 사법시험 출신과 로스쿨 출신의 공동 국선전담변호사로서 몸을 사리지 않고 소송수행한 것으로 알려졌다. 사법시험 존치를 둘러싸고 두 출신 변호사들이 마치 대립하고 반목하는 듯이 내비쳐진 상황에서 이러한 오해와 우려를 불식하는 아름다운 협업(協業)의 모습을 보여주었다.

사법제도는 종국적으로 정의의 실현에 있다. 정의의 실현은 법조인의 몫이다. 책임감이 뒷받침되지 않는 명분과 형식에 결코 안주하지 않고, 보이지 않는 곳에서나마 묵묵히 법조인의 사명을 다하는 진정한 법조인의 모습은 늘 감동을 준다. 정의는 비록 거창하지는 않지만 우리 가까이 조용히 실현되고 있다는 소박한 교훈을 이번 사건에서도 확인할 수 있었다.

전문분야등록변호사제도

대한변호사협회('대한변협')에서 2010년 1월부터 전문분야등록변호사제도를 실시해 오고 있다. 변호사의 전문화를 요구하는 시대적 요청에 부응하고 변호사들 간 자유경쟁을 통해 전문성을 극대화하여 법률수요자의 요구에 적합한 양질(良質)의 법률서비스를 제공한다는 취지에서 이 제도를 도입하였다.

대한변협은 회칙으로 '변호사전문분야등록에 관한 규정'을 제정하여 그 근거를 마련하고 있다. 현행 전문분야등록변호사제도는 22개 전문분야로 나누고, 최대 2개 분야의 등록이 가능하도록 하고 있다.

한편 대한변협의 '변호사업무광고규정'은 전문분야등록을 한 변호사는 주요취급 분야에 대하여 '전문'이라는 명칭을 사용할 수 있도록 하여 전문분야등록을 한 변호사는 실제 전문변호사라는 명칭으로 광고하는 것을 허용하고 있다. 그러나 이는 '법적 근거 없이는 표현할 수 없다'는 광고원칙에 비추어 적절하지 않다.

원래 전문변호사제도는 독일과 같이 변호사법에 근거하여 일반변호사와 달리 전문분야에 대하여 엄격한 기준에 따른 심사를 통하여 전문변호사(Fachanwalts)의 자격을 취득하게 하든지, 미국 캘리포니아주와 같이 주변호사회 규칙에 따라 전문분야에 대하여 엄격한 요건증명을 한 경우에 한하여 전문변호사로서 인증(specialty certification)하는 것이 전형적인 경우이다.

우리나라의 현행 전문분야등록 변호사제도는 그 등록 요건이 까다롭지 않고 심사기준이 엄격하지 아니하여 일정한 분야에 관한 사건을 수임하여 취급한 경력과 이에 관한 연수 참여 경력 등을 고려하여 등록을 받아주고 있는 실정이다. 특히 시행 초기에 대형로펌에 소속된 변호사의 경우 심사도 없이 이를 인정하고 있어 형평에 반하는 문제점도 드러내고 있다.

전문분야를 등록한 변호사는 앞서와 같이 전문변호사라는 명칭으로 광고할 수 있어 일반인으로서는 전문변호사가 마치 '전문의(專門醫)'와 같은 별도의 자격을 취득한 변호사로 오인할 수 있다. 따라서 고객으로서는 변호사에 관한 정보를 정확하게 제공받고 이를 통하여 변호사를 선택할 수 있는 권리를 침해당하게 되고, 변호사 선임과정에서의 투명성 확보를 저해할 우려가 있다.

따라서 일반 변호사와 구별되는 전문변호사제도의 도입은 시기상조(時機尙早)라고 하더라도 전문분야 등록변호사에 대하여 법률상 명확한 근거 규정을 둠과 동시에 지금보다도 등록과 갱신, 그리고 불복절차 등에 있어서 엄격한 기준과 절차에 따라 보다 요건을 강화하는 방향으로 개선할 필요가 있다. 이와 더불어 의뢰인의 변호사 선임의 편의를 위하여 변호사의 전문분야 등록사항, 주요취급분야 신고사항, 징계처분 사항 등 필요한 정보를 정확히 관리하고 제공하는 시스템의 구축도 아울러 강구하여야 한다.

변호사의 공익성 내지 전문성을 확보하여 양질의 서비스를 제공하여야 함을 그 본래의 목적으로 하는 변호사제도는 변호사의 입장뿐만 아니라 소비자인 의뢰인의 정보접근권 및 선택권의 확보라는 이익을 함께 고려함으로써 균형 잡힌 효율적인 제도로 운영될 때에만 제대로 기능할 수 있음을 유의하여야 한다.

변호사중개제도

최근 변호사중개(LRS, Lawyer Referral Service)제도에 관한 논의가 재점화되고 있다. 변호사중개제도는 2012년 법무부의 변호사제도개선위원회의 검토 결과를 토대로 변호사법 개정안에 대한 공청회를 개최함으로써 논의가 촉발되었다. 당시 대한변호사협회와 서울지방변호사회 등 변호사단체는 반대의견을 제시하였다.

변호사단체 외에 중개기관을 만들어 변호사중개를 허용하는 것은 중개의 공정성과 투명성에 반한다는 입장에서이다. 변호사중개제도의 도입을 반대하는 의견도 적지 않았으나, 변호사단체 외의 시민단체와 언론은 변호사중재제도의 도입 취지에 공감하고, 운영 방법의 합리성이 담보되는 전제에서 이를 지지하였다.

법무부는 2015년 11월 초 법조브로커근절태스크포스(법무부, 법원, 대한변호사협회, 서울지방변호사회, 법조윤리협의회, 국세청 등 6개 기관이 참여한다)에서 구체적 방안을 논의할 예정인 것으로 알려지고 있다. 변호사중개제도의 취지에는 대체로 공감하는 분위기이다.

변호사중개제도는 정보비대칭(情報非對稱)으로 인해 변호사에 관한 아무런 기초적 정보도 갖지 못한 일반인을 위하여 해당 사건 처리에 적합한 변호사의 법적 조력(助力)(상담 또는 선임)을 받을 수 있도록 하는 길라잡이 역할을 한다. 뿐만 아니라, 지금까지 법조브로커가 잠탈(潛脫)하였던 변칙적이고 왜곡된 변호사선임과정을 투명하게 하여, 법조브로커의 근절을 통한 법조시장의 순기능(順機能)을 확보하게 한다.

변호사중개제도의 도입에 있어서 핵심적인 문제는 중개기관을 누구로 할 것인지에 관해서이다. 2012년 법무부의 변호사법 개정안에는 중개기관을 대한변호사협회와 각 지방변호사회, 법무부장관의 인가를 받은 비영리단체(이러한 비영리단체에는 법률구조법에 따른 법률구조법인, 법학전문대학원으로 인가받은 대학의 설립·운영자, 지방자치단체, 특별법에 의하여 설립된 공법인, 변호사 중개를 목적으로 설립되고 이사 중 2인 이상이 5년 이상 변호사경력으로 구성된 공익법인 및 비영리법인으로 되어 있다)로 하고 있다.

이러한 다양한 중개기관의 설정 방안에 대하여, 변호사단체는 변호사단체 외의 중개기관의 설정은 중개의 전문성이 보장되지 않으며, 중개의 공정성과 투명성에 반한다는 입장에서 반대견해를 표명하였다.

필자는 변호사중개제도의 도입 및 시행 초기에 있어서 다양한 중개기관을 설정하는 것은 부작용의 우려가 있으므로, 바람직하지 못하다고 생각한다. 외국의 입법례에 의하면 변호사중개를 전문적으로 하는 영리법인을 허용하고 있는 나라도 있다. 호주, 뉴질랜드, 영국 등 국가에서는 사기업에 의한 변호사중개(private-sector legal referral industry system)를 허용하고 있다.

이는 변호사중개가 가능하기 위해서 해당 사건을 정확히 감정하여 맞춤형적 중개(customized referral)가 필요한데, 비영리법인에서 이를 수행한다는 것은 실정상 어려우므로, 아예 변호사중개를 전문으로 하는 중개회사(law broking firm)가 이를 담당하여야 한다는 입장이다. 그러나 우리나라에서 이러한 변호사중개회사를 허용하기 위해서는 변호사 중개제도가 확고히 뿌리내리고, 법률시장의 여건이 보다 성숙되어야 한다. 그렇다고 하여 위 개정안에 따라 다양한 중개기관을 설정하는 것은 신중을 기해야 한다.

먼저 법학전문대학원이나 지방자치단체는 이들이 변호사에 관한 아무런 구체적 정보를 가지고 있지 아니하므로, 중개기관의 논의에서 배제함이 타당하다. 법률구조법인 역시 고유한 업무인 법률구조활동과 별개로 변호사 중개 역할까지 부담케 하는 것은 법률구조법이 예정하고 있는 법률구조법인의 본래의 목적에 반한다. 나아가 공익법인도 마찬가지로, 구체적 해당 사건에 적합한 변호사를 중개하는 업무가 공익법인에 친한 업무라고 볼 수 없다.

변호사중개제도를 도입함에 있어서, 우선적으로 변호사단체와 법무부장관의 인가를 받은 비영리법인으로 제한하는 방안을 두고, 신중히 검토할 필요가 있다. 변호사단체가 변호사중개 업무를 맡는다고 하더라도 변호사단체 자신이 중개기관이 되어 이를 담당하는 것은 부적절하다. 변호사단체가 회원 중 일정 변호사를 선별하여 이를 소개하는 일을 하는 것은 회원 전체의 이익(common interest)에 반한다. 뿐만 아니라 해당 사건 처리에 적절한 변호사를 선택하여 중개하는 작업 자체가 결코 용이한 일이 아니다. 이러한 일이 기술적으로 가능하다고 하더라도 자칫 공정성의 시비를 불러일으킬 우려를 배제할 수 없다.

따라서 변호사단체에 의하여 설립된(established) 별도의 기관에 의하든지, 비영리법인으로 변호사단체에 의하여 인가된(approved) 기관이 독립적으로 변호사중개 업무를 수행하도록 하는 것이 바람직하다(certified lawyer referral service programs). 물론 변호사단체의 엄격한 관리 및 감독을 받아야 한다. 현재 이러한 시스템은 미국 각 주 및 캐나다 각주에서 실시하고 있다.

예컨대 미국의 경우 미국변호사협회(American Bar Association)는 변호사중개 및 정보제공서비스 표준규칙(Model Supreme Rules Governing Lawyer Referral & Information Service)에 따라 인가를 받은 중개기관이 중개를 하도록 하되, 변호사협회의 관리 및 감독을 받도록 하고 있다(각 주에서도 변호사중개제도에 관한 해당 규칙을 두고 있다). 이들 중개기관은 가입 회원으로부터 연회비 형식으로 일정한 금액을 납부하도록 하고 있으며, 고객에는 상담 및 선임에 따른 최소한의 명목상의 비용(referral fee)을 지급하게 하고 있다.

나아가 법무부가 인가한 중개기관에서 법무부의 감독하에 중개업무를 맡도록 하는 방법도 생각해 볼 수 있다. 그러나 중개제도의 도입 초기에는 변호사단체가 설립하거나, 인가한 기관에서 변호사중개를 담당하도록 하는, 북미식(North American Model) 변호사중개제도가 바람직하다. 물론 변호사단체는 이들 중개기관에 대한 관리 및 감독을 철저히 하여야 함은 두말할 나위가 없다.

제도 도입은 신중하게 하여야 한다. 그러나 신중을 표방하여 제도 도입의 필요성이 현저한 경우에도 그 도입에 소극적인 태도를 취함은 더욱 경계하여야 한다. 변호사중개제도의 도입에 있어서 기관이익 내지 직역보호를 위하여 변호사중개제도의 본질과 기능을 잘못 이해하고, 반대하는 것은 결코 바람직하지 않다. 그 도입을 찬성하는 입장에서도 예상될 수 있는 부작용을 예방할 수 있는 모든 조치를 철저히 검토하여, 단계적으로 조심스럽게 이를 시도함이 옳다.

변호사에 의한 법관평가제

서울지방변호사회는 2008년부터 매년 소속 회원을 대상으로 법관평가제(judge evaluation system)를 실시하여 그 결과를 해당 법관에게 통보하다가, 2014년부터 이를 대법원에 제공하고 있다(각 지방변호사회도 그 뒤를 이어 법관평가제를 실시하고 있으나 참여율은 저조한 편이다). 상위 평가를 받은 판사의 경우 그 명단을 공개하고, 하위 평가를 받은 판사가 대법관 후보로 물망에 오른 경우 이에 대한 반대 견해를 표명하기도 한다.

법관평가제에 대한 찬반양론이 있을 수는 있다. 법관평가제에 대한 반대 입장에서의 주된 논거는 사건 당사자의 소송대리인이나 변호인인 변호사가 법관을 평가하는 것은 그 정확성이 담보되지 않을 뿐만 아니라, 법관의 독립적 재판에 부당한 간섭이 된다는 것이다. 그러나 이러한 논거는 결코 타당하다고 볼 수 없다. 변호사가 실제 사건을 담당하면서 재판의 상황을 경험하고 이를 평가하는 것 자체에 대하여 부정시하거나 반감을 가질 하등의 이유가 없다.

밥관평가제의 실시가 법관의 독립을 저해(沮害)한다는 것은 단견(短見)에 불과하다. 이러한 입장에서는 법관평가제를 통한 사법 포퓰리즘(populism)을 경계하고 있으나, 이 제도가 지닌 긍정적 면에는 달리 눈을 돌리지 않고 있다. 재판의 공정성과 투명성을 위한 사법의 감시와 견제 기능은 법관의 독립과 결코 갈등관계에 있다고 볼 수 없다.

통계의 적확성만 확보된다면 상당 다수가 일치하는 견해는 그 신빙성이 담보된다고 볼 수 있다(불특정 다수의 변호사들이 자발적으로 평가에 참가하는 경우는 더욱 그러하다). 공정하고, 책임 있는, 건설적 법관평가

제도는 법관의 업무수행 기술을 향상시키는 역할도 한다.

서울지방변호사회는 서울대학교 사회발전연구소에 의뢰하는 등 조사 방법의 신뢰성을 담보할 수 있는 내실 있는 평가방법 및 기준을 설정하여, 보다 과학적인 평가가 이루어지도록 한다는 방침이다. 국민은 얼마든지 법관을 평가할 수 있으며, 일차적으로 변호사가 그 역할을 담당하는 것은 지극히 정당하다.

외국의 선진 사법제도에서도 법관에 대한 상시평가제도가 시행되고 있다. 특히 미국의 경우 많은 주에서 법관평가기관(office of judicial performance evaluation)을 별도로 설치하여 일반인으로부터 광범위한 조사 자료를 수집하여, 이에 대한 통계 보고서(statistical report)를 만들어 법관 평가의 자료로 이용하고 있다.

대법원은 이러한 평가 자료를 어떻게 고려할 것인지 여부에 대하여 진지하게 고민하여야 한다. 아예 이를 고려하지 않는다면 이는 대법원의 편견의 소치로서, 결코 대법원답지 못한 처사이다. 따라서 대법원으로서는 자체적으로 이러한 자료들을 세심히 검토하고, 가능한 한 이를 긍정적으로 고려하는 수용적 태도를 취하는 것이 바람직하다.

달리 반대할 명분을 찾기 어려운 법관평가제에 있어서 진정한 문제점은 통계적 분석의 정확성의 확보이다. 객관적이고 타당성 있는 평가 항목을 설정하고, 이에 해당하는 구체적 사례를 수집하여, 과학적 평가기준에 따라 가능한 한 정확하게 평가하여야 한다.

법원이 법관평가제에 대하여 부정적인 입장을 취하고 있는 한 결코 국민과 함께하는 법원으로 자리매김하기는 어렵다. 열려 있는 법원은 법관에 대한 평가에도 열려 있는 자세를 보일 때 가능하다.

변호사정보공개제도

고객이 자신의 사건을 제대로 처리할 수 있는 변호사를 찾고 선임하기 위해서는 변호사에 대한 기본적인 정보를 손쉽게 접근하여 이를 취득할 수 있어야 한다. 법적으로 분쟁을 해결하여야 할 경우 그 분쟁을 적절히 처리할 수 있는 변호사의 선임은 분쟁의 당사자로서는 초미의 관심사이다.

민사사건이든 형사사건이든 충분한 시간적 여유를 갖고 변호사를 물색하여 자질과 능력 등을 검토하여 변호사를 선임하는 것이 용이한 것만은 아니다. 이러한 상황에서 브로커들의 음성적 개입이 만연하고, 이로 인하여 변호사의 선임과정이 왜곡되어 국민이 제대로 변호사의 조력(助力)을 받을 수 없는 경우가 비일비재(非一非再)하다.

따라서 변호사 선임절차의 투명성과 공정성을 확보하기 위하여 변호사의 정보공개는 필수적이다. 현행 변호사법은 지방변호사회가 회원들의 기본 정보를 제공하도록 하고 있으나, 정보의 제공범위, 제공방법 등을 각 지방변호사회에 위임하고 있어 그 내용과 이용방법이 부실할 뿐만 아니라 통합적이고 효율적인 변호사 정보의 관리가 이루어지고 있지 아니한 형편이다.

인접 직역인 변리사의 경우 2011년 5월 24일 변리사법을 개정하여 변리사회를 통하여 변리사의 선임에 필요한 정보를 공개하도록 하고 있으며, 변리사법 시행령에서 이에 관한 구체적인 정보의 공개범위와 공개방법을 규정하고 있다.

미국의 경우 의뢰인이 변호사에 관한 다양한 기본적 정보를 손쉽게 확인할 수 있는 변호사 검색 시스템(attorney search)을 구축하고 있다. 캘리포니아주와 같이 주변호사협회가 변호사정보공개 업무를 취급하고 있는 경우가 대부분이나 뉴욕주와 같이 변호사와 법원의 정보를 통합하여 체계적으로 관리하는 기구(New York State Unified Court System)를 설립하여 실시하는 경우도 있다.

우리나라의 경우 각 지방변호사회에서 소속 변호사의 정보공개 업무를 취급하게 하는 것보다는 변호사 정보의 체계적인 관리를 위하여 대한변호사협회에서 이를 통합하여 운용하도록 하는 것이 보다 효율적이다.

변호사의 학력, 경력, 자격취득사항, 전문분야 등 기본사항을 정확히 공개하여야 하며, 변호사는 이에 관한 필요한 정보를 대한변호사협회에 제공할 의무를 부담하게 하되 거짓 정보제공에 대해서는 제재규정을 두어야 한다.

변호사 정보는 단순한 변호사의 일반정보 외에도 징계정보(징계사유와 징계양정)도 정확히 공개되어야 한다. 참고로 미국 펜실베니아주의 경우 일반정보는 그 변동사항을 2주 단위로 등록되도록 하고 있으나, 징계정보는 징계처분사실의 통보 후 24시간 내에 등록되도록 하여 징계정보의 정확하고 신속한 제공에 역점을 두고 있다.

우리나라도 변호사정보공개를 위한 데이터베이스(DB)를 구축하는 작업을 서둘러야 한다. 이러한 변호사정보공개는 국민의 편의를 위한 제도이니만큼 국가예산을 지원해서라도 정확하고도 공신력(公信力) 있는 정보제공제도를 확립하여야 하며, 이를 위한 변호사법의 개정이 조속히 이루어져야 한다.

변호사 징계기준의 확립

최근 로스쿨 출신 변호사가 매해 상당수 배출되는 등 변호사의 수가 급증하고 있고, 법률시장의 개방에 따른 외국 로펌의 진입 등 '신법조시대(新法曹時代)'라고 불릴 만큼 법조환경이 변화되고 있다. 한편 각종 비위사실로 징계를 받은 변호사의 수도 해마다 늘어나고 있다. 이에 따라 변호사의 관리·감독을 강화하고, 변호사징계제도를 정비·확립할 필요성이 더욱 커지고 있다.

대한변호사협회에서도 자체적으로 징계심사 기준을 강화하겠다는 입장을 표명하고 있다. 그러나 최근 법무부 변호사제도개선위원회가 대한변호사협회의 변호사 징계양정(懲戒量定)을 조사·분석한 '2008~2011년 변호사징계사유 및 양정분석' 자료에 의하면 징계처분에 명확한 기준이 없거나 징계사유가 비슷한 경우에도 징계처분 결과에 큰 차이가 있는 것으로 나타났다.

객관적이고 합리적인 징계양정의 기준에 따른 징계제도의 엄정한 운용이야말로 징계위원회 구성의 공정성, 징계절차의 엄정성, 징계결과의 투명한 공개에 못지않게 국민의 신뢰를 제고하기 위하여 무엇보다도 중요하다.

징계양정의 범위가 넓고 유사 사안에도 편차가 발생하는 경우는 변호사 징계에 대한 공정성 시비가 일기 마련이다. 확립된 징계기준 없이 과거의 전례(前例)에 따른 징계결정은 합리성을 결코 담보할 수 없기 때문이다. 같은 유형의 비위에 대하여 일관성 있는 징계처분으로 '들쑥날쑥 고무줄' 징계처분이라는 비난을 받지 않도록 하여야 한다. 엄격한 양정기준에 따라 징계가 이루어짐으로써 '제 식구 감싸기',

'솜방망이 처벌' 등과 같은 온정주의적(溫情主義的) 내지 자의적(恣意的) 징계양정의 시비를 해소할 수 있다.

미국의 경우 1986년 2월 미국변호사협회(ABA)에서 윤리준수 의무 위반의 내용, 비위 행위로 야기된 현실적·잠재적 침해의 범위 등을 고려한 일반적 기준과 가중 또는 감경사유 등 구체적 기준을 정하고 있는 '징계처분 기준'(Standard for Imposing Sanctions)을 마련하여 시행하고 있다.

변호사 징계제도의 요체(要諦)는 징계절차 및 징계내용의 공정성의 확보에 있다. 따라서 공정하고 일관성 있는 징계양정이 이루어지도록 대한변호사협회에서는 조속히 징계양정위원회를 구성하여 징계사유를 유형화·구체화한 객관적인 양정기준을 마련하여 확정한 후 이를 공개하여야 한다.

2012년 1월 개정된 변호사법에 따라 변호사징계의 내용을 인터넷으로 공개하는 것과 아울러 징계내용에 있어서 이러한 일관성을 확보하는 것이야말로 변호사가 국민의 신뢰를 얻기 위하여 시급히 요구되는 일이다.

변호사 공익법률활동의 적극적 지원

최근 공익법률활동에 관심을 가지고 적극적으로 활동하는 변호사가 늘어나고 있다. 이들 공익활동 변호사들은 변호사법과 대한변호사협회의 '공익활동 등에 관한 규정'에 따른 의무적인 공익활동이 아니라 자생적이고 자발적으로, 사법에의 접근이 취약한 사회의 소외계층을 위하여 무보수 내지 실비로 다양한 사건을 담당하고 있다.

현재 법률구조법상 대한법률구조공단과 한국가정법률상담소 등이 존재하기는 하나, 자발적인 단체로서는 공익변호사그룹 공감, 공익재단법인 동천 등이 활동하고 있으며, 최근 법무법인 화우에서도 공익위원회를 설립하여 변호사의 프로보노 활동(pro bono legal services)에 적극적으로 뛰어들고 있다.

한편 공익전담변호사를 위한 지원을 조직적으로 운영할 필요성을 인식하고 사법연수원 41기가 주축이 되어 공익법률기금을 설립하여 운영하고 있으며, 사법연수원 42기도 이를 위한 공익펀드의 마련을 위하여 기금모집 캠페인을 하고 있는 것으로 알려지고 있다.

변호사는 영리를 위한 직업인이 아닌 공공성을 지닌 전문직업인이다. 이는 변호사법에서 천명하고 있으며, 판례에 의하여 확인된 변호사의 법적·사회적 지위이다. 따라서 변호사는 이러한 지위에 부합하는 직업윤리의 의식과 활동이 필수적으로 요청된다. 그러나 이러한 기본적 사명과 과제가 그동안 법조계에서 상당 부분 간과되어 왔다.

이러한 상황에서 인권변호사의 전통을 잇는 일부 변호사에 의하여 제한적 범위 내에서나마 공익변호사로서의 명맥을 유지해 오고 있는 형편이다. 따라서 공익전담 변호사는 아무런 법적·제도적 장치나 지원 없이 재정적으로 매우 어려운 상태에서 오로지 사명과 열정만으로 공익활동을 해오고 있다.

미국의 경우 미국변호사협회에서 변호사의 공익활동을 위한 상임위원회를 구성하여 체계적인 지원을 하고 있으며, 2007년 9월 법(CCRAA, College Cost Reduction and Access Act)을 제정하여 로스쿨을 졸업한 변호사가 전적으로 공익변호사로서 활동하는 경우 로스쿨 재학 중 대출받은 금액에 대하여 월상환액을 삭감하여 그 부분을 연방기금(federal fund)에서 보조하고, 일정 기간 경과 후에는 나머지 금액의 상환을 면제하는 제도를 시행하고 있다.

한편 영국, 호주 등에서는 국가적 지원하에 프로보노센터(영국의 경우는 National Pro Bono Centre, 호주의 경우는 National Pro Bono Resource Centre)가 설립되어 기존의 설립된 공익재단들과의 유기적 협력체계를 구축하여 적극적으로 활동하고 있다.

우리나라의 경우도 자생적인 변호사의 공익활동에 대하여 법적 근거를 마련하여 지원방안을 제도적으로 확립할 필요가 있다. 공익활동의 주체 및 범위를 명확히 하되 진입장벽을 낮추어 실질적인 보장이 가능하도록 배려할 필요가 있다. 나아가 공익법률활동에 대하여 세제의 혜택을 부여하고, 기부금품의 모집이 가능하도록 법적 근거를 마련하여야 한다. 그리고 공익활동을 위하여 안정적이고 체계적인 자금의 지원이 가능하도록 법조계의 삼륜(三輪)이 주축이 된 협의체를 구성하는 것도 고려해 봄직하다.

변호사의 공익활동이 의무에 기한 형식적인 것이 아니라 변화된 사회의 욕구에 부응하는 소명의식에 기한 실질적인 것으로 개혁되어야 하며, 이를 위하여 변호사의 공익활동에 대한 패러다임(paradigm)이 변화되어야 한다. 변호사가 영리를 위한 직업인이 아니라 진정으로 공익을 위한 전문인임을 국민이 인식할 수 있도록 변호사의 공익활동은 변호사로서 할 수 있는 사회공헌의 트렌드(trend)가 되어야 한다.

변호사는 우리 사회의 계층갈등과 양극화(兩極化)를 해소하고, 소통과 상생(相生)으로 사회통합적 기능을 수행하는 직업인으로서 공동체 문화에서 진정으로 필요한 존재이다. 따라서 변호사의 공익활동은 변호사의 노블레스 오블리주(noblesse oblige)이다.

재야법조계의 단합을 촉구하며

법조계 안팎에서 법조계의 분열을 우려하는 목소리가 높다. 단순히 입장의 대립 내지 갈등의 정도에 지나지 아니한 것인지, 즉 분열이라는 어휘의 사용이 정확한 것인지는 현상에 대한 정확한 진단(診斷)을 전제로 한다. 그러나 법조계가 상호 협력 내지 조화의 분위기가 아닌 것만은 부정할 수 없는 사실이다.

법조계 내부에도 상호 견제가 필요하므로, 밀월적(蜜月的) 관계가 결코 바람직한 것만은 아니다. 그러나 지금의 상황은 상호 견제의 건설적(建設的) 관계라고 보기에는 역부족이다. 이런 상황의 근본적 원인은 무엇일까? 필자는 법조계의 각 직역에서 내거는 정책 자체에서 그 원인의 일단(一端)을 찾을 수 있다고 생각한다.

법조계의 각 직역에서 표방하는 정책들이 너무나 무겁다. 정책의 중대성과 더불어 정책의 추진방법이 무거워도 한참은 무겁다는 의미이다. 정책을 설정하고 추진함에 있어서 스스로 설정한 시기적 제약에 쫓겨 단기간 처리에 급급하다. 따라서 정책의 취지, 필요성, 효과 등에 대하여 자체적으로도 제대로 검토할 시간적 여유가 없다. 물론 그런 상황에서 국민들에게 제대로 설득할 정신적 여유가 있을 리가 없다. 대부분의 경우 법조계의 각 수장(首長)으로서는 추진하려는 정책들이 그 임기 내에 수용되고 실현될 수 있도록 전력투구한다.

국민을 위한 사법서비스의 실질적 향상이라는 궁극적 목표 실현을 위한 일이라면 그렇게까지 서둘 필요가 없을 것인데도, 그 임기 내 실현을 목표로 사생결단(死生決斷)으로 덤벼든다. 이런 모습이 다른 법조 영역에겐 공격의 빌미를 제공하는 것은 당연지사(當然之事)이다. 즉 수월하게 공격을 당하기 십상이다. 이런 공격에 제대로 대응도 못할 만큼 정책 추진의 논리성이 취약하다.

물론 이러한 정책들은 모두 국민을 위한, 한층 발전된 모델의 사법 서비스라는 것을 명분으로 내세운다. 문제는 그러한 명분에 부합하는, 명실공히 최적(最適)의 정책인지에 대하여 설득력이 부족하다는 것이다.

법조계에서 내거는 정책들이 일견하여 국민을 위한 사법제도로 보이는 경우에도, 실제 이러한 정책이 채택되어 시행될 때 발생할 문제점에 대한 치밀한 검토가 없이는 섣불리 이를 채택할 수 없는 노릇이다. 법원이 내세우는 정책들이, 법무부 내지 검찰이 내세우는 정책들이, 그리고 변호사단체가 내세우는 정책들이 진정으로 국민을 위하는 정책들인지 진지한 검토가 있어야 한다.

이러한 검토에는 그 실체적 정당성(substantive due process) 못지않게 절차적 상당성(procedural due prcess)이 반드시 수반되어야 한다. 느닷없이 불쑥 내거는 정책이 아무리 국민을 위한 정책이라고 포장한다고 하더라도, 절차적 고려 내지 절차적 투명성이 없는 정책은 진정으로 국민을 위한 정책이라고 볼 수 없다.

법조계의 정책일수록 뜸을 오래 들여야 한다. 숙성(熟成)의 기간이 길어야 한다는 말이다. 법조계가 추진하려는 정책들에 대하여 상호 반박과 비판이 끊이지 아니한 이유는 국민을 위한 제도에 대한 공감(共感) 내지 설득력이 부족하기 때문이다. 이러한 공감은 다른 기관에 대한 존중과 예의에서 비롯한다. 법조계 내부에서 대화의 채널이 효율적으로 가동되어 거듭 대화하여야 한다. 서로의 의견을 구하고, 좋은 의견은 이를 반영하여 다듬어 나가려는, 사심(私心) 없는 노력이 경주되어야 한다.

법조계만은 기관의 이익이 아닌, 국민의 이익을 앞세우는 모범적인 정책 운용의 모습을 보여야 한다. 법조계가 갈등과 반목, 그리고 분열로 비춰지는 상황에서 법조계가 국민으로부터 신뢰를 받기를 기대하는 것은 그야말로 연목구어(緣木求魚)이다.

자신이 표방하는 정책이 잘못 되었으면 수정도 할 수 있어야 하며, 보류도 할 수 있어야 하며, 경우에 따라 포기할 수도 있어야 한다. 한번 정해진 정책은 어떻든 채택되어야 한다는 강박관념과 고집은 결코 바람직하지 아니하다.

새해에는 법조계가 진정으로 서로를 존중하고, 서로의 발전을 도와주는 건설적인 관계를 지향하여야 한다. 이를 위하여 법조계는 서로 상대방을 이해하고, 상대방의 비판을 겸허하게 수용할 자세를 가져야 한다. 물론 자신의 입장을 성의를 다해 설득해가는 고양(高揚)된 지성의 모습을 보여주어야 함은 당연하다. 새해에는 법조계가 지난 한 해와 같은 시행착오를 거듭하지 않기를 바란다. 그리고 법조계가 보다 진취적이고 역동적(力動的)이며, 건설적인 모습을 보여주는 한 해가 되길 진심으로 기원한다.

VI 로스쿨제도와 제도 개선

로스쿨제도의 교육목표

법학(legal studies)이 이루어져야 할 현장에서 법학교육(legal education)이 없다는 비판이 있다. 이러한 비판은 법학교육 현실의 일면만을 보거나, 그 일면에 있어서도 이해의 각도를 달리하고 있어 주장의 타당성에 대하여 근본적 논의를 요한다. 로스쿨의 법학교육에 관해서는 로스쿨의 원산지인 미국에서도 논문이 넘쳐날 정도로 많이 논의되고 있다.

법학은 법적 원리를 규명하고, 법적 체계를 이해하고, 법이 추구하는 정의와 형평의 실현을 위한 방법론적 연구를 하는 학문이라고 생각할 수 있다. 법학교육은 이러한 법학의 정의에 부합되는 교육을 말한다. 그런데 법은 규범이며, 규범은 현실을 전제로 하지 않을 수 없으므로, 법학은 다른 학문과의 차이가 있을 수밖에 없다.

특히 로스쿨에서 가르쳐야 할 법학교육은 법현실에 작용할 수 있는 기본적이며 핵심적인 교육이다. 로스쿨의 교육 목표는 법조인 양성에 있다. 이는 '법학전문대학원 설치·운영에 관한 법률' 제1조의 목적에서 규정하고 있어, 입법적으로 선언된 것이다. 즉 로스쿨의 법학교육은 법률전문가인 법조인(legal professionals)을 양성하는 교육이다. 법조인으로 지녀야 할 가치관, 직업윤리관을 갖추게 하되, 양질의 '법률서비스'를 제공하기 위한 전문적 지식과 능력을 갖추도록 교육한다. 보다 고차적인 법학교육(advanced legal education)은 로스쿨의 학술연구박사과정(SJD)에서 행해진다.

로스쿨 교육은 법이론과 법실무의 짜임새 있는 교육이어야 한다. 법학교육이 이론으로만 흘러가서도 아니 되고, 실무만 붙들고 있어서도 아니 된다. 로스쿨 교육의 행렬(matrix)이 로스쿨 교육 목표와 그 실천의 얼개 속에 잘 엮어져 있어야 한다. 로스쿨 교육의 요체는 법적 사고력의 함양에 있다. 따라서 로스쿨 교육은 리걸 마인드(legal mind)를 일깨우고, 길러주는 것이어야 한다. 리걸 마인드는 이론에 의해 형성되어야 하며, 실무에 의하여 보강되어야 한다.

리걸 마인드는 분쟁의 현실에서 분쟁의 실체를 파악할 수 있는 이해력과 통찰력을 갖도록 한다. 리걸 마인드는 단순한 지적인 차원의 것이 아닌, 사물에 대한 이해와 타인에 대한 관심 및 배려를 동반한다. 즉 진정한 리걸 마인드는 열린 법적 사고(open legal mind)를 말한다.

늘 강조하지만 실무 없는 이론 없고, 이론 없는 실무 없다는 소박한 말은 진실이다. 로스쿨 교육은 바로 임상적(臨床的) 법학교육(clinical legal education)이다. 법학교육을 통하여 분쟁의 실제에 작용할 수 있는 효과적이고 효율적인 기술도 아울러 익힐 수 있어야 한다. 로스쿨의 다양한 교육 내용이 잘 융합되어 배양되도록 삼투(滲透)의 과정(process of osmosis)을 거치도록 교육하여야 한다.

로스쿨에서 법학교육이 정상화되려면 보다 차분히 공부할 수 있는 여건이 마련되어야 한다. 로스쿨시험의 엄정 상대평가와 변호사시험의 성적 공개로, 시험 위주의 공부만으로 이러한 교육 목표 내지 철학이 실현되기 어렵다.

로스쿨 체제에서 바람직한 교육이 이루어질 수 있도록 지혜를 모아야 한다. 문제가 있으면 개선해 나가야 한다. 법조인에 대한 기대와 요구가 시대적 상황에 따라 달라질 수 있으므로 로스쿨도 이러한 변화를 수용하여 로스쿨 문화(law school culture)를 지속적으로 개혁하여야 한다.

변호사시험 성적 공개에 따라 로스쿨 일부 학생들이 예전 사법시험 체제에서 볼 수 있었던 학습태도를 답습한다면 자신이 몸담고 있는 로스쿨을 그 근간에서 흔드는 행동이 될 수 있음을 늘 경계하여야 한다. 로스쿨제도가 제대로 정착하려면 법조인뿐만 아니라 국민 모두가 신뢰하고 애정을 가질 수 있는 로스쿨이 되어야 한다.

사법시험 존치 논란 (1)

사법시험 존치 여부는 복잡한 논리구조와 이해관계를 지닌 풀기 어려운 문제이다. 그러나 사법시험 존치 논의와 관련하여, 거두절미(去頭截尾)하고 지금과 같은 논의상황은 바람직하지 않다고 본다. 사법시험 존치 주장이 논리적으로 타당한지 여부를 떠나, 법률상 폐지하기로 한 사법시험을 법률을 개정해서라도 존치하고자 하는 진정한 의도가 무엇인지 알기 어렵다.

이러한 의도가 순수한 것인지 의도의 진정성이 느껴지지 않는다. 이해관계가 있는 사람들이 자신의 입장에 유리한 결과를 의식한 주장이 아닌지 의문이 든다. 처음엔 '희망의 사다리론'으로, 지금은 '현대판 음서론(蔭敍論)'으로, 사법시험 존치의 주장에 불을 붙이면서 파상공세를 한다.

'희망의 사다리', 듣기만 해도 흥분이 되는 전염성 강한 조어(造語)를 만들어 사법시험이 존치되면 사회적·경제적 약자 누구나 희망의 사다리로 신분상승할 수 있다는 기대와 환상을 불러일으킨다. 그런데 로스쿨은 결코 희망의 사다리가 될 수 없는지 이에 대해서는 설득력 있는 반박이 없다. 로스쿨은 돈이 많이 드는 돈스쿨로 낙인찍어 놓았기 때문이다.

이러한 주장의 근저(根柢)에는 법조인력의 배출이라는 국가제도가 어떤 제도로서 설정되어야 하는지에 대한 근본적이고, 본질적인 고뇌가 없다. 그러니 이러한 주장은 일반 국민에게 꿈과 희망을 주는 주장이기는 하나, 공적 제도의 합리적 실현에 대한 책임감 있는 주장에는 미치지 못한다.

'현대판 음서론'도 최근에 불거진 사건을 확대해석하여 로스쿨의 병폐가 집약된 것처럼 오용(誤用)하고 있다. 기실 이러한 현대판 음서론은 그들의 주장대로라도 사법시험 존치론으로서는 전혀 근거가 될 수 없음에도 이를 차분히 들여다볼 여유가 그들에겐 없다.

이들은 사법시험 출신 변호사에게는 해당 없는, 오로지 로스쿨 출신 변호사이므로 이러한 음서가 존재하는양 오도(誤導)하고 있다. 논리적 설득력 없으니 실력 행사의 유혹에 빠져든다. 세(勢)를 형성하여 압박을 가한다. 기성 사법시험 출신 법조인, 그리고 이들이 다리를 놓은 영향력을 행사할 수 있는 사람들을 동원하여 그야말로 물불을 가리지 않고 덤벼든다. 웬만한 주장은 성명으로 한다. 그 성명도 국회에서 한다. 변호사의 행태가 정치인의 행태와 다를 바 없다.

이런 불행스런 상황의 근본 원인은 법무부에 있다. 주무부서인 법무부는 가만히 있다. 내부적으로 검토 등으로 바삐 돌아가겠지만 외부로 알려진 아무것도 없으니 하는 말이다. 법무부 입장이 있기는 하다. 그냥 '지켜본다'는 것이다. 무엇을 지켜본다는 것인가? 여론을 지켜본다는 것이지만, 지금의 여론이 어떻게 형성되는지 뻔히 알면서도 책임지지 않을 구실만 찾고 있는 것이다. 로스쿨을 입안하고 법률을 발의한 장본인인 법무부가 시류에 따라 국가 대사를 결정하겠다는 것이다.

책임은 법무부만 있는 것은 아니다. 대법원도 말 한마디 없다. 원론적인 말이라도 할 수 있을 터인데도 아무런 말이 없다. 말을 할 듯 하다가도 말을 삼킨다. 판사 충원에 관한 사법정책의 중차대한 문제인데도 함구하고 있다.

그러니 국가제도의 설정에 관하여 이해당사자들 사이에서만 싸운다. 이것이 안타깝게도 우리의 사법제도 운영의 현재 모습이다. 지성인이어야 할 로스쿨 교수가 사법시험 존치 문제에 대해선 무력한 비지성인에 지나지 않는 현실에 대하여 막막한 심정으로 연구실을 서성인다. 나도 그 한 사람이므로….

사법시험 존치 논란 (2)

사법시험 존치 여부(변호사시험법 개정안)에 관한 국회의 공청회가 있은 어제(2015년 11월 18일), 로스쿨생들이 여의도에 모여 사시존치 반대의 시위를 하였다. 보도에 의하면 1,600여 명 모였다고 한다. 어제 강의가 없어 체감하지 못하였으나, 상당수 제자들도 비를 맞으면서 집회에 참석하였을 것으로 짐작된다. 대한변호사협회는 이에 맞불이라도 놓을 요량으로 같은 날 사시존치 찬성 시민 서명명단을 국회법사위 위원장에게 전달하였다.

로스쿨 교수로서 이런 상황으로 치닫는 현실이 안타깝기만 하다. 주무부처인 법무부, 그리고 대법원은 이런 쟁점 사안에 대해서 가타부타 말없이 입을 닫고 있다. 분쟁에 휘말리지 않으려는 보신주의적(保身主義的) 입장 때문이다. 그런데 대한변호사협회나 서울지방변호사회가 어떤 연유로 로스쿨생들 내지 로스쿨 출신 변호사들과 카운터파트(counterpart)가 되어야 하는지 납득이 되지 않는다.

회원들의 이익을 도모하기 위한 이익단체인 변호사단체가 사시존치 이슈를 집요하게 물고 늘어짐으로써 회원들을 분열시키는 현재의 상황은 결코 바람직하지 않다. 특히 서울지방변호사회의 경우 지방변호사단체에 불과한데도 불구하고, 이러한 이슈에 천착하는 것이 과연 지방변호사회의 위상과 기능에 부합하는 것인지 의문이다.

지방법원 관할구역마다 1개의 지방변호사회를 두는 것이 원칙이나, 서울특별시의 경우에는 5개 지방법원 관할구역임에도 1개의 지방변호사회만 두도록 변호사법에 규정하고 있다(변호사법 제64조 제1항). 만약 이런 규정이 없으면 서울지방변호사회가 깨져서 나누어질 판이다.

서울에도 일본 동경과 같이 3개의 지방변호사회가 있었다면, 사시존치의 문제에 관하여 지금과 같은 입장을 견지할 수 있었을까 생각해 본다.

사시존치 여부는 서로 마음만 비우면 무엇이 타당한 결론인지 논리적으로 납득할 수 있는 문제이다. 사시존치 주장이 양질(良質)의 법조인력의 배출이라는 실질 논리에 입각하고 있는지 스스로 자문해 볼 일이다.

작금(昨今)의 혼돈의 상황에서는 무엇이 지성인의 모습인지조차 혼란스럽다. 필자로서는 행동하는 지성인의 모습을 보여주지 못할망정 가르침에 있어서만 교수로서의 본분을 다하고자 할 따름이다. 연구실과 서재를 오가는 일상 속에서 오늘의 우리 법조를 생각한다.

로스쿨제도와 실무교육

며칠 전(2015년 2월) 중국 모 법학원 교수들과 대학원생들이 필자가 근무하는 학교를 방문하여 필자가 '한국의 사법제도와 법률교육제도'의 제목으로 특강을 하였다. 교수들은 한국의 로스쿨에서 실무교육이 어떻게 이루어지고 있는지 구체적이고 실제적인 문제를 중국의 경우와 비교하여 질문하는 등 중국 법제와의 비교법적 연구가 예전과는 달리 앞으로는 매우 실질적으로 이루어져야 함을 소박하지만 진솔한 특강을 통하여 새삼 느꼈다.

외국의 제도인 로스쿨제도가 도입된 지 이제 7년째로 접어들었다. 로스쿨제도에 대한 부정적인 견해가 여전히 상존하고 있으나 현재로서는 법조인 양성제도와 관련하여 로스쿨제도와 함께 기존 사법시험제도의 존치 주장이 보다 대세를 이루고 있다. 논의의 발단 및 전개과정을 지켜보면서 하고 싶은 말이 없지 않지만 원체 민감한 부분이어서 논의에 직접 뛰어들기가 무척 부담스러운 것이 사실이다.

필자는 앞서의 사법시험 제도의 존치 여부에 관한 논의와는 각도를 달리하여 로스쿨제도 운용에 있어서, 특히 로스쿨에서의 이론교육과 실무교육과의 바람직한 조화를 위하여 지혜를 모으고 노력을 아끼지 않으면 안 된다는 새로운 인식이 절실히 필요한 시점이라는 점을 특히 강조하고 싶다.

로스쿨의 실무교육에는 사법연수원에서 이루어지는 실무교육과 같은 법문서 작성이 당연히 포함되어 있다. 그러나 로스쿨에서는 사법연수원과 같은 정도와 비중으로 법문서 작성식의 실무교육이 실제 이루어지기 어렵고, 그럴 필요도 없다고 본다.

로스쿨제도하에서는 로스쿨의 전체적인 교육 시스템과 종합하여 실무교육의 비중을 적정하게 안배(按配)하되, 단순히 법문서 작성이라는 기술적인 면을 넘어선 법적 사고력을 보강함으로써 실제 실무에 나가서는 보다 두드러진 장점을 얼마든지 드러낼 수 있지 않을까 생각한다.

로스쿨의 실무교육을 사법연수원의 실무교육과 평면적이고 도식적(圖式的)으로 비교하여, 로스쿨의 실무교육의 문제점을 지적하는 시각이 설득력이 있는 것처럼 보이기도 한다. 그러나 이러한 입장은 로스쿨 실무교육의 진정한 문제점에 대한 진지한 성찰에는 못 미침을 경계하여야 한다.

로스쿨 교육에 있어서 법적 분쟁을 전문적·효율적으로 해결할 수 있는 법적 사고력을 갖춘 법조인을 배출한다는 법조인 양성의 기본적 목표이자 사명이 배어나고 녹아들게 하여야 한다. 로스쿨 실무교육의 방향에 대하여 사법시험 존치 여부에 관한 관심과 더불어 보다 진지하게 고민을 하고, 지혜를 모아야 할 때가 아닌가 생각한다.

변호사시험성적 공개의 정당성

얼마 전 헌법재판소는 변호사시험성적 비공개는 위헌이라는 결정을 하여, 그동안의 논란에 종지부를 찍었다. 헌법재판소가 결정이유에서 밝히고 있는 논리가 선뜻 와 닿지는 않지만 헌법 해석으로 내린 결론이니 씁쓰레한 마음을 가눌 수밖에 없다.

매년 변호사시험 응시자 대비 합격률이 지속적으로 떨어지고 있어 변호사시험이 실제 로스쿨 교육에서 차지하는 비중이 더욱 클 수밖에 없는 것이 현실이다. 이러한 상황에서 변호사시험의 성적마저 공개되면 특단의 조치가 없는 한 변호사시험 과목 위주로 변호사시험 준비를 위한 공부에 매달리게 될 것은 불 보듯 하여 로스쿨 교수의 입장에서는 난감하고 착잡한 심정을 떨쳐 버릴 수 없다.

사법시험 체제에서의 법조인 배출의 문제점을 해소하기 위하여 도입된 로스쿨제도에서 변호사시험의 성적 공개가 로스쿨 교육의 정상화에 과연 긍정적 효과를 가져올 것인지 의문이다.

역설적으로 들리겠지만(현실과 동떨어진 소리로도 들릴 수 있겠지만) 학생들로서는 변호사시험을 준비하면서 더 정확하게 알고, 더 풍부하게 알기 위하여 관련 과목들 그리고 다양한 과목들을 공부하려는 여유를 가졌으면 한다. 법조인으로 출발하는 첫 단계에서부터 성적으로 운명이 결정될 수 있는 우리 현실의 아이러니(irony)를 슬기롭게 극복하길 바랄 뿐이다.

로스쿨 교수들도 이 같은 현실을 외면하지 않고, 제대로 가르치되 가능한 한 좋은 성적으로 합격하는 데도 도움을 줄 수 있도록 제자를 아끼고 보듬어 주어야 한다. 제자들이 수험서에 의존하는 공부로의 회귀, 교수의 가르침 없이도 학원에 의존하는 공부로의 회귀가 절대 되풀이되지 않도록 각별히 경계하여야 한다.

변호사시험을 출제하는 분들도 로스쿨에서 정상적으로 제대로 공부한 사람들이 더 높은 점수를 받을 수 있도록 출제하는 내용에 있어서 각별히 신경을 써야 한다. 예비법조인에게 불어닥친 가혹한 현실에서 헌법재판소 결정이 미처 생각하지 못한 부작용까지 지혜롭게 극복할 수 있도록 로스쿨에 관계되는 모든 분들이 마음을 단단히 가져야 한다.

제도를 만들고, 그리고 제도가 잘되었다 못되었다 따지고, 제도에 문제가 있다고 제대로 몸을 가누지도 못한 제도를 곧장 뜯어고치려 드는 것이야 사심이 끼어 있든 아니든, 이해관계가 얽혀 있든 아니든 그럴 만한 위치에 있는 사람들이 하는 일이다. 그러나 제도 속에서 몸을 담고 있는 사람으로서는 제도가 만들어진 이상 제도가 튼실하고 아름답게 뿌리내릴 수 있도록 제도를 아끼고 사랑하는 한결같은 마음으로 자신의 역할을 다할 수밖에 없다.